16	3	2	13
5	10	11	8
9	6	7	12
4	15	14	1

coleção TRANS

Jacques Rancière

O DESENTENDIMENTO
Política e filosofia

Tradução
Ângela Leite Lopes

editora■34

EDITORA 34

Editora 34 Ltda.
Rua Hungria, 592 Jardim Europa CEP 01455-000
São Paulo - SP Brasil Tel/Fax (11) 3811-6777 www.editora34.com.br

Copyright © Editora 34 Ltda. (edição brasileira), 1996
La mésentente
de Jacques Rancière
Copyright © Éditions Galilée, 1995

A FOTOCÓPIA DE QUALQUER FOLHA DESTE LIVRO É ILEGAL E CONFIGURA UMA
APROPRIAÇÃO INDEVIDA DOS DIREITOS INTELECTUAIS E PATRIMONIAIS DO AUTOR.

A Editora 34 agradece as sugestões à revisão do texto
realizadas por Mônica Costa Netto e Paulo Pinheiro.

Título original:
La mésentente

Capa, projeto gráfico e editoração eletrônica:
Bracher & Malta Produção Gráfica

Revisão técnica:
Renato Janine Ribeiro

Revisão:
Geraldo Gerson de Souza, Sofia Nestrovski, Alberto Martins

1ª Edição - 1996, 2ª Edição - 2018 (1ª Reimpressão - 2022)

CIP - Brasil. Catalogação-na-Fonte
(Sindicato Nacional dos Editores de Livros, RJ, Brasil)

Rancière, Jacques, 1940
R152d   O desentendimento: política e filosofia /
Jacques Rancière; tradução de Ângela Leite Lopes
— São Paulo: Editora 34, 2018 (2ª Edição).
160 p. (Coleção TRANS)

ISBN 978-85-7326-692-4

Tradução de: La mésentente

1. Filosofia francesa. 2. Política.
I. Lopes, Ângela Leite. II. Título. III. Série.

CDD - 194

O DESENTENDIMENTO
Política e filosofia

Prefácio	7
O começo da política	15
O dano: política e polícia	35
A racionalidade do desentendimento	57
Da arquipolítica à metapolítica	75
Democracia ou consenso	107
A política em sua era niilista	135
Sobre o autor	155

As notas da tradutora estão assinaladas com (N. da T.); as do revisor técnico, com (N. do R.); e as da edição brasileira, com (N. da E.).

PREFÁCIO

"Ποίων δὴ ἰσότης ἐστὶ καὶ ποίων ἀνισότης, δεῖ μὴ
λανθάνειν· ἔχει γὰρ τοῦτ᾽ ἀπορίαν καὶ φιλοσοφίαν
πολιτικήν."

"Em que medida há a igualdade e a desigualdade, é o
que não se deve deixar de lado, pois a questão leva à
aporia e à filosofia política."

Aristóteles, *Política*, III, 1282 b 21

Será que a filosofia política existe? Tal pergunta pode parecer
incongruente por duas razões. Primeiro, porque a reflexão sobre a
comunidade e sua finalidade, sobre a lei e seu fundamento está
presente desde a origem de nossa tradição filosófica e nunca deixou de motivá-la. Segundo, porque a filosofia política, de algum
tempo para cá, tem afirmado com estardalhaço seu retorno e sua
renovada vitalidade. Entravada durante muito tempo pelo marxismo que fazia da política a expressão ou a máscara de relações sociais, submetida às usurpações do social e das ciências sociais, ela
reencontraria, hoje, na derrocada dos marxismos de Estado e no
fim das utopias, sua pureza de reflexão sobre os princípios e as formas de uma política restituída à sua pureza pelo recuo do social e
de suas ambiguidades.

Esse retorno, entretanto, coloca alguns problemas. Quando
não se limita a comentar certos textos, ilustres ou esquecidos, de
sua própria história, a filosofia política restaurada não parece levar sua reflexão muito além dos argumentos comuns de qualquer
administrador do Estado sobre a democracia e a lei, sobre o direito e o Estado de direito. Em suma, ela parece sobretudo assegurar
a comunicação entre as grandes doutrinas clássicas e as formas de
legitimação usuais dos chamados Estados de democracia liberal.
Além disso, a suposta concordância entre o retorno da filosofia

política e o retorno de seu objeto, a política, carece de evidência. No tempo em que a política era contestada em nome do social, do movimento social ou da ciência social, ela se manifestava, no entanto, numa multiplicidade de modos e de lugares, da rua à fábrica ou à universidade. A restauração da política enuncia-se, hoje, na discrição desses modos ou no absenteísmo desses lugares. Dir-se-á que precisamente a política purificada reencontrou os lugares adequados à deliberação e à decisão sobre o bem comum, as assembleias onde se discute e se legisla, as esferas do Estado onde se tomam decisões, as jurisdições supremas que averiguam se as deliberações e decisões estão em conformidade com as leis fundadoras da comunidade. O problema é que nesses próprios lugares propaga-se a opinião desencantada de que há pouco a deliberar e de que as decisões impõem-se por si mesmas, sendo o trabalho próprio da política apenas o de adaptação pontual às exigências do mercado mundial e a distribuição equitativa dos lucros e dos custos dessa adaptação. A restauração da filosofia política torna-se manifesta, assim, ao mesmo tempo que o ausentar-se da política por parte de seus representantes autorizados.

Essa singular convergência exige uma volta à questão da "evidência primeira" da filosofia política. O fato de (quase) sempre ter havido política *na* filosofia não prova, de modo algum, que a filosofia política é um ramo natural da árvore-filosofia. Em Descartes, precisamente, a política não é citada entre os ramos dessa árvore; a medicina e a moral parecem cobrir todo o campo onde as outras filosofias a encontravam. E em nossa tradição o primeiro a tê-la encontrado, Platão, só o fez sob a forma da excepcionalidade radical. Sócrates não é um filósofo que reflete sobre a política de Atenas. É o único ateniense a "fazer as coisas da política",[1] a fazer a política *de verdade*, que se opõe a tudo o que se faz em Atenas sob o nome de política. O encontro primeiro da política e da filosofia é o de uma alternativa: ou a política dos políticos ou a dos filósofos.

A brutalidade da disjunção platônica esclarece, assim, aquilo que a relação ambígua entre a segurança de nossa filosofia política

---

[1] Platão, *Górgias*, 521 d.

e a discrição de nossa política deixa entrever. Não há evidência alguma de que a filosofia política seja uma divisão natural da filosofia que acompanha a política com sua reflexão, ainda que crítica. Antes de mais nada, não há evidência alguma da figuração de uma filosofia que venha duplicar com sua reflexão, ou fundar com sua legislação, toda grande forma do agir humano — científica, artística, política ou outra. A filosofia não tem divisões que proviriam do seu próprio conceito ou dos campos sobre os quais ela aplica sua reflexão ou sua legislação. Ela tem objetos singulares, nós de pensamento nascidos de certo encontro com a política, a arte, a ciência ou alguma outra atividade do pensamento, sob o signo de um paradoxo, de um conflito, de uma aporia específicos. Aristóteles nos indica isso numa frase que é um dos primeiros encontros entre o substantivo "filosofia" e o adjetivo "política": "Em que medida há a igualdade e a desigualdade, é o que não se deve deixar de lado, pois a questão leva à aporia e à filosofia política".[2] A filosofia torna-se "política" quando acolhe a aporia ou o embaraço próprio da política. A política — voltaremos a isso — é a atividade que tem por princípio a igualdade, e o princípio da igualdade transforma-se em repartição das partes de comunidade ao modo de um embaraço: em que coisas existe e não existe igualdade entre quem e quem? O que são essas "coisas", quem são esses "quem"? Como a igualdade consiste em igualdade *e* desigualdade? Este é o embaraço próprio da política, através do qual a política se torna um embaraço para a filosofia, um objeto da filosofia. Não se deve entender com isso a visão edificante segundo a qual a filosofia vem socorrer o praticante da política, da ciência ou da arte, explicando-lhe a razão de seu embaraço ao elucidar o princípio de sua prática. A filosofia não socorre ninguém e ninguém lhe pede socorro, mesmo que as regras de conveniência da demanda social tenham instituído o hábito de políticos, juristas, médicos ou qualquer outra corporação — quando esta se reúne para pensar — convidarem o filósofo como especialista da reflexão em geral. Para que o convite produza algum efeito de pensamento, é preciso que o encontro descubra seu ponto de desentendimento.

---

[2] Aristóteles, *Política*, III, 1282 b 21.

Prefácio

Por "desentendimento" entenderemos um tipo determinado de situação de fala: aquela em que um dos interlocutores ao mesmo tempo entende e não entende o que o outro diz. O desentendimento não é o conflito entre aquele que diz branco e aquele que diz preto. É o conflito entre aquele que diz branco e aquele que diz branco mas não entende a mesma coisa, ou não entende que o outro diz a mesma coisa com o nome de brancura. A generalidade da fórmula exige evidentemente algumas precisões e obriga a fazer distinções. O desentendimento não é o desconhecimento. O conceito de desconhecimento pressupõe que um ou outro dos interlocutores ou os dois — pelo efeito de uma simples ignorância, de uma dissimulação concertada ou de uma ilusão constitutiva — não saibam o que um diz ou o que diz o outro. Tampouco é o mal-entendido produzido pela imprecisão das palavras. Uma velha sabedoria, hoje particularmente em alta, lamenta que as pessoas se entendem mal porque as palavras trocadas são equívocas. E demanda — pelo menos quando a verdade, o bem e a justiça estão em jogo — que se cuide de atribuir a cada palavra um sentido bem definido que o distinga das outras, e se deixe de lado as palavras que não designam nenhuma propriedade definida ou as que não podem escapar a uma confusão homonímica. Ocorre que essa sabedoria assuma o nome de filosofia e dite essa regra de economia linguística como o exercício privilegiado da filosofia. Ocorre também o inverso, que ela denuncie a filosofia como a própria fornecedora das palavras vazias e dos homônimos irredutíveis e proponha que cada atividade humana enfim se entenda por si mesma, depurando seu léxico e sua conceitualidade de todas as usurpações da filosofia.

Tanto o argumento do desconhecimento quanto o do mal-entendido requerem assim duas medicinas da linguagem, que consistem em ensinar o que quer dizer falar. Veem-se facilmente seus limites. A primeira deve pressupor constantemente esse desconhecimento do qual ela é o avesso, o saber reservado. A segunda aplica a demasiados campos um interdito de racionalidade. Inúmeras situações de palavra em que a razão atua podem ser pensadas em uma estrutura específica de desentendimento que não é nem de desconhecimento a pedir um saber suplementar, nem de mal-entendido a solicitar uma rarefação das palavras. Os casos de desentendimento são aqueles em que a disputa sobre o que quer dizer falar constitui a própria racionalidade da situação de fala. Aqueles em que os interlocutores entendem e não entendem a mesma coisa nas mesmas palavras. Há diversas razões para que um X entenda e não entenda ao mesmo tempo um Y: porque, embora entenda claramente o que o outro diz, ele não *vê* o objeto do qual o outro lhe fala; ou então porque ele entende e deve entender, vê e quer fazer ver um objeto diferente sob a mesma palavra, uma outra razão no mesmo argumento. Assim, na *República*, a "filosofia política" começa sua existência pelo longo protocolo do desentendimento acerca de um argumento sobre o qual todos concordam: que a justiça consiste em dar a cada um o que lhe é devido. Sem dúvida, seria cômodo que o filósofo, para dizer o que entende por justiça, dispusesse de palavras totalmente diferentes das do poeta, do negociante, do orador e do político. Coisa que a divindade aparentemente não providenciou e que o apaixonado pelas linguagens próprias só conseguiria suprir a preço de não ser entendido de modo algum. Ali onde a filosofia encontra a poesia, a política e a sabedoria dos negociantes honestos, precisa tomar as palavras dos outros para dizer que diz uma coisa totalmente diferente. É nisso que há desentendimento e não apenas mal-entendido, o qual pode ser resolvido com uma simples explicação do que diz a frase do outro e que o outro não sabe.

O que equivale também a dizer que o desentendimento não diz respeito apenas às palavras. Incide geralmente sobre a própria situação dos que falam. Nisso, o desentendimento se distingue do que Jean-François Lyotard conceituou sob o nome de *différend* [diferendo].[3] O desentendimento não diz respeito à questão da heterogeneidade dos regimes de frases e da presença ou ausência de uma regra para julgar gêneros de discursos heterogêneos. Diz respeito menos à argumentação que ao argumentável, à presença ou ausência de um objeto comum entre um X e um Y. Diz respeito à apresentação sensível desse comum, à própria qualidade dos interlocutores em apresentá-lo. A situação extrema de desentendimen-

---

[3] Jean-François Lyotard, *Le différend*, Paris, Minuit, 1983.

Prefácio

to é aquela em que X não vê o objeto comum que Y lhe apresenta porque não entende que os sons emitidos por Y compõem palavras e agenciamentos de palavras semelhantes aos seus. Como veremos, essa situação extrema diz respeito, essencialmente, à política. Ali onde a filosofia encontra ao mesmo tempo a política e a poesia, o desentendimento se refere ao que é ser um ser que se serve da palavra para discutir. As estruturas de desentendimento são aquelas em que a discussão de um argumento remete ao litígio acerca do objeto da discussão e sobre a condição daqueles que o constituem como objeto.

As páginas que se seguem tentarão definir, portanto, alguns marcos para um entendimento do desentendimento segundo o qual a aporia da política é acolhida a título de objeto filosófico. Nelas poremos à prova a seguinte hipótese: o que se chama de "filosofia política" poderia muito bem ser o conjunto das operações de pensamento pelas quais a filosofia tenta acabar com a política, suprimir um escândalo de pensamento próprio ao exercício da política. Esse escândalo teórico, por sua vez, não é senão a racionalidade do desentendimento. O que torna a política um objeto escandaloso é que a política é a atividade que tem por racionalidade própria a racionalidade do desentendimento. O desentendimento da política pela filosofia tem então por princípio a redução mesma da racionalidade do desentendimento. Essa operação pela qual a filosofia expulsa de si mesma o desentendimento identifica-se então naturalmente ao projeto de fazer "realmente" política, de realizar a essência verdadeira daquilo de que fala a política. A filosofia não se torna "política" porque a política seria algo importante que precisaria de sua intervenção. Ela se torna tal porque regular a situação de racionalidade da política é uma condição para definir o que é o próprio da filosofia.

A ordem desta obra está determinada da seguinte forma. Ela partirá das linhas supostamente fundadoras em que Aristóteles define o *logos* próprio da política. Tentaremos colocar em evidência, na determinação do animal lógico-político, o ponto em que o *logos* se divide, deixando aparecer esse *próprio* da política que a filosofia rejeita com Platão e do qual, com Aristóteles, tenta se apropriar. É a partir, pois, do texto de Aristóteles, e daquilo que nele está aquém dele mesmo, que procuraremos responder à pergunta: o que há de específico a ser pensado sob o nome de política? Pensar essa especificidade implicará separá-la daquilo que comumente se coloca sob esse nome e para o qual proponho reservar o nome de "polícia" [*police*]. A partir dessa distinção, tentaremos definir primeiramente a lógica do desentendimento distintiva da racionalidade política, em seguida, o princípio e as grandes formas da "filosofia política" compreendida no sentido de recuperação específica da distinção. Tentaremos então pensar o efeito reflexo da "filosofia política" no campo da prática política. Serão deduzidos a partir daí alguns referenciais de pensamento propostos para distinguir o que se pode entender sob o nome de democracia e sua diferença das práticas e legitimações do sistema consensual, para apreciar o que se pratica e se diz a título de fim da política ou de seu retorno, o que se exalta a título de humanidade sem fronteiras e se deplora a título de reino do desumano.

O autor deve declarar aqui uma dupla dívida: primeiramente para com aqueles que, convidando-o generosamente para falar sobre as questões da política, da democracia e da justiça, acabaram por convencê-lo de que havia algo de específico a ser dito; e também para com aqueles com os quais o diálogo público, privado ou, às vezes, silencioso estimulou seu esforço para tentar definir essa especificidade. Cada um deles reconhecerá a parte que lhe cabe nesse anônimo agradecimento.

O COMEÇO DA POLÍTICA

Comecemos pelo começo, ou seja, pelas frases ilustres que definem, no Livro I da *Política* de Aristóteles, o caráter eminentemente político do animal humano e assentam, ao mesmo tempo, o fundamento da cidade.

"Único dentre todos os animais, o homem possui a palavra. Sem dúvida, a voz é o meio pelo qual se indica a dor e o prazer. Por isso é dada aos outros animais. A natureza deles vai só até aí: possuem o sentimento da dor e do prazer e podem indicá-lo entre si. Mas a palavra existe para manifestar o útil e o nocivo e, por consequência, o justo e o injusto. É isso que é próprio dos homens, em comparação com os outros animais: o homem é o único que possui o sentimento do bem e do mal, do justo e do injusto. Ora, é a comunidade dessas coisas que faz a família e a cidade."[4]

Assim se resume a ideia de uma natureza política do homem: quimera dos antigos, segundo Hobbes, que pretende substituí-la por uma ciência exata dos recursos da natureza humana; ou, ao contrário, princípio eterno de uma política do bem comum e da educação cívica, que Leo Strauss opõe ao rebaixamento utilitarista moderno das exigências da comunidade. Mas, antes de recusar ou de exaltar essa natureza, convém adentrar um pouco mais na singularidade de sua dedução. A destinação supremamente política do homem atesta-se por um *indício*: a posse do *logos*, ou seja,

---

[4] Aristóteles, *Política*, I, 1253 a 9-18.

da palavra, que *manifesta*, enquanto a voz apenas *indica*. O que a palavra manifesta, o que ela torna evidente para uma comunidade de sujeitos que a ouvem, é o útil e o nocivo e, *por consequência*, o justo e o injusto. A posse desse órgão de manifestação marca a separação entre duas espécies de animais como diferença de duas maneiras de fazer parte do sensível: a do prazer e do sofrimento, comum a todos os animais dotados de voz; e a do bem e do mal, própria somente aos homens e já presente na percepção do útil e do nocivo. Com isso, funda-se não a exclusividade da politicidade, mas uma politicidade de tipo superior, que se perfaz na família e na cidade.

Nessa demonstração clara, há vários pontos que continuam obscuros. Sem dúvida, qualquer leitor de Platão compreende que a objetividade do bem se separa da relatividade do agradável. Mas a partilha de sua *aisthesis* não é tão evidente assim: onde se encontra exatamente a fronteira entre a sensação desagradável de um golpe recebido e o sentimento da "nocividade" sofrida por causa desse mesmo golpe? Dir-se-á que a diferença está marcada precisamente pelo *logos* que separa a articulação discursiva de uma dor e a articulação fônica de um gemido. Ainda assim, é preciso que a diferença entre desagrado e nocividade seja sentida e sentida como comunicável, como definindo uma esfera de comunidade do bem e do mal. O indício extraído da posse do órgão — a linguagem articulada — é uma coisa. A maneira como esse órgão exerce sua função, como a linguagem manifesta uma *aisthesis* compartilhada, é outra. O raciocínio teleológico implica que o *telos* do bem comum seja imanente à sensação e à expressão como "nocividade" da dor infligida por um outro. Mas como compreender exatamente a consequência entre o "útil" e o "nocivo" assim manifestados e a ordem propriamente política da justiça? À primeira vista, o utilitarista descarado poderia replicar ao nobre partidário dos "clássicos" que essa passagem do útil e do nocivo à justiça comunitária não está tão distante de sua própria dedução de uma utilidade comum constituída pela otimização das utilidades respectivas e da redução das nocividades. A linha de partilha entre a comunidade do Bem e o contrato utilitarista parece aqui bem difícil de se traçar.

Façamos uma concessão aos partidários dos "clássicos": essa linha pode e deve ser traçada. Entretanto, seu traçado passa por alguns desfiladeiros onde correm o risco de perder-se não só o pressuposto "utilitarista" denunciado por Leo Strauss mas também aquele que ele próprio compartilha com os utilitaristas: o que assimila o *logos* que manifesta o justo à deliberação pela qual as particularidades dos indivíduos se encontram subsumidas sob a universalidade do Estado. O problema aqui não é enobrecer a acepção do útil para aproximá-lo da idealidade do justo, que é seu fim. É ver que a passagem do primeiro para o segundo só se faz por intermédio de seus contrários e que é no jogo desses contrários, na relação obscura do "nocivo" e do "injusto", que reside o âmago do problema político, do problema que a política coloca para o pensamento filosófico da comunidade. Entre o útil e o justo, a consequência é contrariada por duas heterogeneidades. Primeiro, a que separa os termos falsamente contrapostos pelos termos "útil" e "nocivo". Isso porque o uso grego não estabelece nenhuma clara oposição desse tipo entre os termos de Aristóteles, *sympheron* e *blaberon*. *Blaberon* tem, de fato, duas acepções: num sentido, é a parte de desagrado que cabe a um indivíduo por qualquer razão que seja, catástrofe natural ou ação humana. Num outro, é a consequência negativa que um indivíduo recebe de seu ato ou, no mais das vezes, da ação de outrem. *Blabé* designa assim, correntemente, o dano no sentido judiciário do termo, o agravo objetivamente determinável feito por um indivíduo a outro. Portanto, a noção implica, usualmente, a ideia de uma relação entre duas "partes".[5] *Sympheron*, por sua vez, designa essencialmente uma relação para

---

[5] O autor explora ao longo do livro as múltiplas implicações entre *part* (parte enquanto pedaço ou fração de um todo) e *partie* (parte enquanto sujeito socialmente reconhecido, como se diz, por exemplo, de um contrato assinado por várias "partes"). Como os dois termos em francês encontram sua correspondência mais direta no português na palavra *parte*, e esta guarda correntemente as duas acepções, esta edição optou — com a concordância do autor — por não recorrer a um terceiro termo (como *parcela* ou *quinhão* para verter *part*). Com o intuito de preservar as relações presentes no texto original, *part* será vertido sempre como *parte*, e *partie*, como *parte* entre aspas: "parte". Da mesma raiz são também os termos: *parti* ("partido"), *partage*

O começo da política

consigo mesmo, a vantagem que um indivíduo ou uma coletividade obtém ou espera obter de uma ação. O *sympheron* não implica uma relação com o outro. Os dois termos são, assim, falsos opostos. No uso grego corrente, o que habitualmente se opõe ao *blaberon* como dano sofrido é *ôphelimon*, o socorro que se recebe. Na *Ética a Nicômaco*, o que o próprio Aristóteles opõe ao *blaberon* como parte ruim é *aireton*, a parte boa a ser tomada. Mas do *sympheron*, da vantagem que um indivíduo recebe, não se infere, de forma alguma, o dano que outro sofre. Essa falsa conclusão é apenas a de Trasímaco quando, no Livro I da *República*, traduz em termos de lucros e perdas sua enigmática e polissêmica fórmula: a justiça é a vantagem do superior (*to sympheron tou kreittonos*). Diga-se de passagem: traduzir, como é costume, por "interesse do mais forte" é encerrar-se de imediato na posição em que Platão encerra Trasímaco; é pôr em curto-circuito toda a demonstração platônica, que joga com a polissemia da fórmula para operar uma dupla disjunção — não apenas o "lucro" de um não é o "dano" de outro, como, além disso, a superioridade exatamente entendida tem sempre um único beneficiário: o "inferior" sobre o qual ela se exerce. Nessa demonstração, um termo desaparece: o dano. O que a refutação de Trasímaco antecipa é uma cidade sem dano, uma cidade na qual a superioridade exercida de acordo com a ordem natural produz a reciprocidade dos serviços entre os guardas protetores e os artesãos provedores.

Pois aí está o segundo problema e a segunda heterogeneidade: para Platão como para Aristóteles, quanto a isso fiel a seu mestre, o justo da cidade é fundamentalmente um estado em que o *sympheron* não tem por correlato nenhum *blaberon*. A boa repartição das "vantagens" pressupõe a supressão prévia de um certo dano,[6] de um certo regime do dano. "Que dano me fizeste, que

---

("partilha"), *partager* ("partilhar" e "compartir") e *repartition* ("repartição"). (N. da E.)

[6] No original, *tort*. Indica o dano causado a alguém, com sentido não apenas físico mas, sobretudo, jurídico. *Avoir tort* é estar errado, não ter razão; *faire tort* a alguém é fazer-lhe mal. Numa citação de Hobbes, no último capítulo deste livro, é a forma como o tradutor francês do século XVII, Sa-

dano te fiz?", são essas, segundo o *Teeteto*, palavras de advogado, alguém perito em transações e tribunais, *quer dizer*, alguém definitivamente ignorante da justiça que fundamenta a cidade. Esta só começa onde se cessa de repartir utilidades, de equilibrar lucros e perdas. A justiça enquanto princípio de comunidade não existe ainda onde todos se ocupam unicamente em impedir que os indivíduos que vivem juntos se causem danos recíprocos e em reequilibrar, quando o causam, a balança dos lucros e das perdas. Ela começa somente onde se trata daquilo que os cidadãos possuem *em comum* e onde se cuida da maneira como são repartidas as formas de exercício e controle do exercício desse poder comum. De um lado, a justiça enquanto virtude não é o simples equilíbrio dos interesses entre os indivíduos ou a reparação dos danos que uns causam aos outros. É a escolha da própria medida segundo a qual cada "parte" toma apenas a parte que lhe cabe. De outro lado, a justiça política não é apenas a ordem que mantém juntas as relações medidas entre os indivíduos e os bens. Ela é a ordem que determina a partilha do comum. Ora, nessa ordem, a dedução do útil ao justo não se faz da mesma maneira que na ordem dos indivíduos. Para os indivíduos, ainda se pode resolver, simplesmente, o problema da passagem entre a ordem do útil e a do justo. O Livro V da *Ética a Nicômaco*, com efeito, dá uma solução para o nosso problema: a justiça consiste em não pegar mais do que sua parte nas coisas vantajosas e menos do que sua parte nas coisas desvantajosas. Contanto que se reduza o *blaberon* ao "nocivo" e se identifique como *sympheron* essas coisas "vantajosas", é possível dar um sentido preciso à passagem da ordem do útil à do justo: o vantajoso e o desvantajoso são, então, a matéria sobre a qual se exerce a virtude da justiça que consiste em tomar a parte conveniente, a parte média tanto de umas como de outras.

O problema, evidentemente, é que com isso ainda não está definida nenhuma ordem política. A política começa precisamente onde se deixa de equilibrar lucros e perdas, e se cuida de repartir as partes do *comum*, de harmonizar segundo a proporção geomé-

---

muel Sorbière, verteu o inglês *"wrong"*; conota-se, como se vê, das ideias de errado, torto etc. (N. do R.)

trica as partes de comunidade e os títulos para se obter essas partes, as *axiai* que dão direito à comunidade. Para que a comunidade política seja mais do que um contrato entre os que trocam bens ou serviços, é preciso que a igualdade que nela reina seja radicalmente diferente daquela segundo a qual as mercadorias se trocam e os danos se reparam. Mas o partidário dos "clássicos" estaria se alegrando cedo demais ao reconhecer aí a superioridade do bem comum, do qual a natureza humana traz consigo o *telos*, sobre o mercadejar dos interesses individuais. Isso porque o fundo do problema então se apresenta: para os fundadores da "filosofia política", essa submissão da lógica mercantil ao bem comum exprime-se de maneira bem determinada como submissão da igualdade aritmética, que preside as trocas mercantis e as penas judiciárias, à igualdade geométrica que, para a harmonia comum, coloca em proporção as partes da coisa comum possuídas por cada "parte" da comunidade com a parte que cada uma delas aporta ao bem comum. Mas essa passagem da aritmética vulgar à geometria ideal implica, ela mesma, um estranho compromisso com a empiria, uma singular contagem[7] das "partes" da comunidade. Para que a cidade seja ordenada conforme o bem, é preciso que as partes de comunidade sejam estritamente proporcionais à *axia* de cada "parte" da comunidade: ao *valor* que ela aporta à comunidade e ao *direito* que esse valor lhe confere de deter uma "parte" da potência comum. Por trás da oposição problemática entre o *sympheron* e o *blaberon* está a questão política essencial. Para que exista a filosofia política, é preciso que a ordem das idealidades políticas se ligue a uma composição das "partes"[8] da cidade, a uma contagem cujas complexidades escondem talvez um erro de conta[9] fundamental, um erro de conta que poderia ser o *blaberon*, o dano cons-

---

[7] No original, *compte*, que tem também o sentido de "conta", "cômputo", "cálculo". Na sequência, o autor joga com a noção de *mécompte*, que comporta o sentido de "não-contagem", e será aqui vertida como "erro de contagem", mas também "erro de conta", "erro de cálculo". (N. do R.)

[8] No original, "*parties*"; neste caso as aspas constam do original. (N. da E.)

[9] No original, *mécompte*, ver nota 7 acima. (N. da E.)

titutivo da própria política. O que os "clássicos" nos ensinam é, antes de mais nada, o seguinte: a política não se ocupa dos vínculos entre os indivíduos, nem das relações entre os indivíduos e a comunidade, ela diz respeito a uma contagem das "partes" da comunidade, que é sempre uma falsa conta, uma dupla contagem ou um erro de conta.

Vejamos essas *axiai*, esses títulos de comunidade, mais de perto. Aristóteles enumera três: a riqueza dos poucos (os *oligoi*); a virtude ou a excelência (*areté*) que dá seu nome aos melhores (aos *aristoi*); e a liberdade (a *eleutéria*) que pertence ao povo (*demos*). Concebido de forma unilateral, cada um desses títulos dá um regime particular, ameaçado pela sedição dos outros: a oligarquia dos ricos, a aristocracia das pessoas de bem ou a democracia do povo. Em contrapartida, a combinação exata desses títulos de comunidade proporciona o bem comum. Um desequilíbrio secreto perturba, no entanto, essa bela construção. Sem dúvida, pode-se mensurar a contribuição respectiva das competências oligárquicas e aristocráticas e do controle popular na busca do bem comum. E o Livro III da *Política* esforça-se por concretizar esse cálculo, por definir as quantidades de capacidade política que são detidas pela minoria dos homens de "mérito" e pela maioria dos homens comuns. A metáfora da mistura permite figurar uma comunidade nutrida pela soma proporcional das respectivas qualidades "da mesma maneira", diz Aristóteles, "que uma comida impura misturada a uma comida pura torna o todo mais proveitoso que a pequena quantidade inicial".[10] O puro e o impuro podem misturar seus efeitos. Mas como podem se mensurar um com relação ao outro em seu princípio? Em que consiste exatamente o título detido por cada uma das "partes"? Na bela harmonia das *axiai*, um único título se deixa facilmente reconhecer: a riqueza dos *oligoi*. Mas é também aquele que depende apenas da aritmética das trocas. O que é, em contrapartida, a liberdade trazida pelas pessoas do povo à comunidade? E em que lhes é própria? É aqui que se revela o erro de conta fundamental. Primeiro, a liberdade do *de-*

---

[10] Aristóteles, *Política*, III, 1281 b 36.

O começo da política

mos não é nenhuma propriedade determinável mas uma pura facticidade: por trás da "autoctonia", mito de origem reivindicado pelo *demos* ateniense, impõe-se esse fato bruto que faz da democracia um objeto escandaloso para o pensamento: pelo simples fato de ter nascido em tal cidade, e especialmente na cidade ateniense, depois que a escravidão por dívidas foi abolida, qualquer um desses corpos falantes fadados ao anonimato do trabalho e da reprodução, desses corpos falantes que não têm mais valor do que os escravos — e menos até, já que, diz Aristóteles, o escravo recebe sua virtude da virtude de seu senhor —, qualquer artesão ou comerciante é contado nessa "parte" da cidade que se chama "povo", como participante dos negócios comuns enquanto tais. A simples impossibilidade, para os *oligoi*, de reduzir seus devedores à escravidão transformou-se na aparência de uma liberdade que seria a propriedade positiva do povo como "parte" da comunidade.

Alguns atribuíram essa promoção do povo e de sua liberdade à sabedoria do bom legislador, do qual Sólon fornece o arquétipo. Outros imputaram-na à "demagogia" de alguns nobres, que tomaram apoio na populaça para afastar seus concorrentes. Cada uma dessas explicações já pressupõe uma determinada ideia da política. Mais, portanto, do que optar por uma ou por outra, é melhor examinar de perto o que as motiva: o nó originário do fato e do direito e a relação singular que ele estabelece entre duas palavras-chave da política, igualdade e liberdade. A sabedoria "liberal" nos descreve com complacência os efeitos perversos de uma igualdade artificial que vem contrariar a liberdade natural de empreender e de trocar. Quanto aos clássicos, encontram, nas origens da política, um fenômeno de uma profundidade totalmente diferente: é a liberdade, enquanto propriedade vazia, que vem colocar um limite aos cálculos da igualdade mercante, aos efeitos da simples lei do *deve* e do *haver*. A liberdade, em suma, vem separar a oligarquia dela mesma, impedi-la de governar pelo simples jogo aritmético dos lucros e das dívidas. Com efeito, a lei da oligarquia é que a igualdade "aritmética" mande sem entraves, que a riqueza seja imediatamente idêntica à dominação. Pode-se objetar que os pobres de Atenas eram submetidos ao poder dos nobres, não ao dos mercadores. Mas precisamente a liberdade do povo de Atenas reduz a dominação natural dos nobres, fundada sobre o caráter antigo e ilustre de sua linhagem, a sua simples dominação como ricos proprietários e açambarcadores da propriedade comum. Ela reduz os nobres à sua condição de ricos e transforma seu direito absoluto, reduzido ao poder dos ricos, numa *axia* particular. Mas o erro de conta não para por aí. Além desse "próprio" do *demos*, que é a liberdade, não se deixar determinar por nenhuma propriedade positiva, ele também não lhe é absolutamente próprio. O povo nada mais é que a massa indiferenciada daqueles que não têm nenhum título positivo — nem riqueza, nem virtude — mas que, no entanto, se veem atribuir a mesma liberdade que aqueles que os possuem. As pessoas do povo, com efeito, são simplesmente livres *como* as outras. Ora, é dessa simples identidade com aqueles que de resto lhes são em tudo superiores que eles recebem um título específico. O *demos* atribui-se, como parte própria, a igualdade que pertence a todos os cidadãos. E essa "parte" que não chega a ser uma identifica sua propriedade imprópria com o princípio exclusivo da comunidade e identifica seu nome — o nome da massa indistinta dos homens sem qualidade — com o nome da própria comunidade. Isso porque a liberdade — que é simplesmente a qualidade dos que não têm nenhuma outra (nem mérito, nem riqueza) — é contada, ao mesmo tempo, como a virtude comum. Ela permite ao *demos* — ou seja, ao ajuntamento factual dos homens sem qualidade, desses homens que, como nos diz Aristóteles, "não tinham parte em nada"[11] — identificar-se por homonímia com o todo da comunidade. Tal é o dano fundamental, o nó original do *blaberon* e do *adikon*, cuja "manifestação" vem interromper toda dedução do útil ao justo: o povo apropria-se da qualidade comum como sua qualidade própria. O que ele aporta à comunidade é, propriamente, o litígio. Devemos entender isso num duplo sentido: o título que ele aporta é uma propriedade litigiosa, já que não lhe pertence propriamente. Mas essa propriedade litigiosa não é, apenas, a instituição de um comum-litigioso. A massa dos homens sem propriedades identifica-se à comunidade em no-

---

[11] Aristóteles, *Constituição de Atenas*, II.

O começo da política

me do dano que não cessam de lhe causar aqueles cujas qualidades ou propriedades têm por efeito natural relançá-la na inexistência daqueles que não têm "parte em nada". É em nome do dano que lhe é causado pelas outras "partes" que o povo se identifica com o todo da comunidade. Quem não tem parte — os pobres da Antiguidade, o terceiro estado ou o proletariado moderno — não pode mesmo ter outra parte que não seja o nada ou o todo. Mas é também mediante a existência dessa parte dos sem-parte, desse nada que é o todo, que a comunidade existe enquanto comunidade política, ou seja, enquanto dividida por um litígio fundamental, por um litígio que afeta a conta de suas "partes" antes mesmo de afetar seus "direitos". O povo não é uma classe entre outras. É a classe do dano que causa dano à comunidade e a institui como "comunidade" do justo e do injusto.

É assim que, para grande escândalo das pessoas de bem, o *demos*, esse amontoado das pessoas de nada, torna-se o povo, a comunidade política dos atenienses livres, a que fala, que conta a si mesma e decide na Assembleia, o que leva os logógrafos a escreverem: Ἔδοξε τῷ δήμῳ — "aprouve ao povo, o povo decidiu". Para o inventor de nossa filosofia política, Platão, essa fórmula deixa-se facilmente traduzir na equivalência de dois termos: *demos* e *doxa*: aprouve àqueles que só conhecem essas ilusões do mais e do menos chamadas prazer e dor; houve simples *doxa*, "aparência" para o povo, aparência de povo. Povo é apenas a aparência produzida pelas sensações de prazer e dor manejadas pelos retóricos e sofistas para adular ou assustar o grande animal, a massa indistinta das pessoas de nada reunidas na assembleia.

Digamos de uma vez: o ódio resoluto do antidemocrata Platão enxerga com mais justeza os fundamentos da política e da democracia do que os mornos amores desses apologistas cansados que nos garantem que convém amar "racionalmente", quer dizer, "moderadamente", a democracia. Pois ele enxerga o que estes esqueceram: o erro de cálculo da democracia, que em última instância é apenas o erro de cálculo fundador da política. Há política — e não simplesmente dominação — porque há uma conta malfeita das "partes" do todo. É essa impossível equação que a fórmula atribuída por Heródoto ao persa Otanes resume: ἐν γὰρ τῷ πολλῷ ἔνι τὰ πάντα: o todo está no múltiplo.[12] O *demos* é o múltiplo idêntico ao todo: o múltiplo como um, a "parte" como todo. A diferença qualitativa inexistente da liberdade produz essa equação impossível, que não se deixa compreender na partilha da igualdade aritmética que governa a compensação dos lucros e das perdas e da igualdade geométrica que deve associar uma qualidade a uma posição. O povo é, assim, sempre mais ou menos do que ele próprio. As pessoas de bem se divertem ou se afligem com todas as manifestações daquilo que para elas é fraude e usurpação: o *demos* é a maioria no lugar da assembleia, a assembleia no lugar da comunidade, os pobres em nome da cidade, aplausos à guisa de acordo, pedrinhas contadas no lugar de uma decisão tomada.[13] Mas todas essas manifestações de desigualdade do povo para com ele mesmo são apenas a moeda de troco de um erro de conta fundamental: essa impossível igualdade do múltiplo e do todo, produzida pela apropriação da liberdade como o que é próprio do povo. Essa impossível igualdade arruína, em cadeia, toda a dedução das "partes" e dos títulos que constituem a cidade. Depois dessa singular propriedade do *demos*, é a propriedade dos *aristoi*, a virtude, que aparece como o lugar de um estranho equívoco. Quem são exatamente essas pessoas de bem ou de excelência que aportam a virtude para o bolo comum, assim como o povo aporta uma liberdade que não é a sua? Se não são o sonho do filósofo — a conta de seu sonho de proporção transformada em "parte" do todo — eles poderiam muito bem não passar de outro nome para os *oligoi*, ou seja, simplesmente, os ricos. O mesmo Aristóteles que se esforça, na *Ética a Nicômaco* ou no Livro III da *Política*, por dar consistência às três "partes" e aos três títulos, nos confessa

---

[12] Heródoto, *Histórias*, III, 80, 30.

[13] Nas origens da democracia grega, Clístenes (565-492 a.C.) promoveu uma reforma da constituição de Atenas (508 a.C.) que possibilitou aos cidadãos, independentemente da sua renda, o acesso a cargos públicos e o direito ao voto. As questões da cidade passaram então a ser decididas pelo voto simples em assembleia: uma pedra branca para o "sim", uma pedra preta para o "não". A decisão da assembleia refletia a contagem final das pedras. (N. da E.)

O começo da política

sem mistério no Livro IV, ou ainda na *Constituição de Atenas*: na verdade, a cidade tem apenas duas "partes", os ricos e os pobres. "Quase em todo lugar, são os abastados que parecem ocupar o lugar das pessoas de bem".[14] É portanto aos arranjos que distribuem os poderes, ou as aparências de poder, unicamente entre essas duas "partes", essas "partes" irredutíveis da cidade, que se deve solicitar a realização dessa *areté* comunitária para a qual os *aristoi* estarão sempre em falta.

Será que disso se deve simplesmente entender que os eruditos cálculos da proporção geométrica não passam de construções ideais, pelas quais a boa vontade filosófica busca originariamente corrigir a realidade primária e incontornável da luta de classes? A resposta a essa pergunta só pode ser dada em dois tempos. Antes de mais nada é preciso enfatizar: foram os antigos, muito mais que os modernos, que reconheceram no princípio da política a luta dos pobres e dos ricos. Mas, precisamente, reconheceram nela — com o risco de querer apagá-la — sua realidade propriamente política. A luta dos ricos e dos pobres não é a realidade social com a qual a política tem então de lidar. Ela institui a própria política. Há política quando existe uma parte dos sem-parte, uma "parte" ou um partido dos pobres. Não há política simplesmente porque os pobres se opõem aos ricos. Melhor dizendo, é a política — ou seja, a interrupção dos simples efeitos da dominação dos ricos — que faz os pobres existirem enquanto entidade. A pretensão exorbitante do *demos* de ser o todo da comunidade não faz mais que realizar à sua maneira — a de um *partido* — a condição da política. A política existe quando a ordem natural da dominação é interrompida pela instituição de uma parte dos sem-parte. Essa instituição é o todo da política enquanto forma específica de vínculo. Ela define o comum da comunidade como comunidade política, quer dizer, dividida, baseada num dano que escapa à aritmética das trocas e das reparações. Fora dessa instituição, não há política. Há apenas a ordem da dominação ou a desordem da revolta.

É essa pura alternativa que um relato de Heródoto em forma de apólogo nos apresenta. Esse relato-apólogo exemplar é dedica-

---

[14] Aristóteles, *Política*, IV, 1294 a 17-19.

do à revolta dos escravos dos Citas. Os Citas, diz ele, têm o hábito de vazar os olhos daqueles a quem escravizam para melhor submetê-los à sua tarefa servil, que é ordenhar o gado. Essa ordem normal das coisas viu-se perturbada por suas grandes expedições. Para conquistar o país dos Medos, os guerreiros citas embrenharam-se na Ásia e lá ficaram retidos pelo tempo de toda uma geração. Enquanto isso, uma geração de filhos de escravos havia nascido e cresceu com os olhos abertos. De seu olhar para o mundo, concluíram que não tinham razões particulares para ser escravos, já que haviam nascido da mesma maneira que seus senhores distantes e com os mesmos atributos. Posto que as mulheres, que permaneceram em casa, se encarregaram de confirmar essa identificação natural, os escravos decidiram que eram iguais aos guerreiros, até prova em contrário. Em consequência, cercaram o território com um grande fosso e armaram-se para esperar de pé firme a volta dos conquistadores. Quando estes retornaram, com suas lanças e arcos, pensaram que esmagariam facilmente essa revolta de vaqueiros. O ataque foi um fracasso. Foi então que um guerreiro mais sagaz avaliou a situação e assim a expôs a seus irmãos de armas:

> "Sugiro que deixemos aqui nossas lanças e nossos arcos e que os enfrentemos empunhando os chicotes com que fustigamos nossos cavalos. Até agora, eles viam-nos com armas e imaginavam que eram nossos iguais e de igual berço. Mas quando nos virem com chicotes em vez de armas, saberão que são nossos escravos e, compreendendo isso, cederão."[15]

Assim foi feito, e com pleno êxito: surpreendidos por esse espetáculo, os escravos fugiram sem lutar.

O relato de Heródoto nos ajuda a compreender como o paradigma da "guerra servil"[16] e do "escravo revoltado" pôde servir de negativo a toda manifestação da luta dos "pobres" contra os

---

[15] Heródoto, *Histórias*, IV, 3.

[16] "Guerras servis" é como são conhecidas, na historiografia, as revoltas dos escravos durante o Império Romano. (N. da E.)

O começo da política

"ricos". O paradigma da guerra servil é o de uma realização puramente guerreira da igualdade dos dominados com os dominantes. Os escravos dos Citas constituem como acampamento militar o território de sua antiga servidão e opõem armas a armas. Essa demonstração igualitária começa por desconcertar aqueles que se consideravam seus senhores naturais. Mas, quando estes voltam a exibir as insígnias da diferença de natureza, os revoltados ficam sem resposta. O que não podem fazer é transformar a igualdade guerreira em liberdade política. Essa igualdade, literalmente marcada no território e defendida pelas armas, não cria uma comunidade dividida. Não se transforma na propriedade imprópria dessa liberdade que institui o *demos* ao mesmo tempo como parte e como todo da comunidade. Ora, só há política mediante a interrupção, mediante a torção primária que institui a política como o desdobramento de um dano ou de um litígio fundamental. Essa torção é o dano, o *blaberon* fundamental com que lida o pensamento filosófico da comunidade. *Blaberon* significa "o que detém a corrente", diz uma das etimologias fantasiosas do *Crátilo*.[17] Ora, acontece mais de uma vez que essas etimologias fantasiosas acertem num nó de pensamento essencial. *Blaberon* significa a corrente interrompida, a torção primeira que bloqueia a lógica natural das "propriedades". Essa interrupção obriga a pensar a proporção, a *analogia* do corpo comunitário. Mas também arruína, por antecedência, o sonho dessa proporção.

Pois o dano não é simplesmente a luta de classes, a dissensão interna a ser corrigida dando-se à cidade seu princípio de unidade, fundando-se a cidade sobre a *arkhé* da comunidade. É a própria impossibilidade da *arkhé*. As coisas seriam simples demais se houvesse apenas a infelicidade da luta que opõe os ricos e os pobres. A solução do problema foi encontrada cedo: basta suprimir a causa da dissensão, quer dizer, a desigualdade das riquezas, dando-se a cada um uma parte de terra igual. O mal é mais profundo. Da mesma forma que o povo não é realmente o povo mas sim os pobres, os próprios pobres não são verdadeiramente os pobres. São apenas o reino da ausência de qualidade, a efetividade da disjun-

---

[17] Platão, *Crátilo*, 417 d-e.

ção primeira que porta o nome vazio de liberdade, a propriedade imprópria, o título do litígio. São eles mesmos por antecipação a união torcida do próprio que não é realmente próprio e do comum que não é realmente comum. São simplesmente o dano ou a torção constitutivos da política como tal. O partido dos pobres não encarna nada mais que a própria política como instituição de uma parte dos sem-parte. Simetricamente, o partido dos ricos não encarna nada mais que o antipolítico. Da Atenas do século V a.C. até os governos de hoje em dia, o partido dos ricos terá dito sempre uma única coisa — que é muito precisamente a negação da política: *não há parte dos sem-parte.*

Essa proposição fundamental pode, é claro, modular-se de forma diferente de acordo com o que se chama de evolução dos costumes e das mentalidades. Na franqueza antiga que ainda subsiste nos "liberais" do século XIX, ela se exprime assim: há apenas chefes e subordinados, pessoas de bem e pessoas de nada, elites e multidões, peritos e ignorantes. Nos eufemismos contemporâneos, a proposta enuncia-se de maneira diferente: há apenas *"partes"*[18] da sociedade: maiorias e minorias sociais, categorias sócio-profissionais, grupos de interesses, comunidades etc. Há apenas "partes", que devem ser convertidas em parceiros. Mas, tanto nas formas policiadas da sociedade contratual e do governo de concertação, como nas formas brutais da afirmação desigualitária, a proposta fundamental permanece a mesma: não há parte dos sem-parte. Há apenas as partes das "partes". Noutras palavras: não há política, não deveria haver. A guerra dos pobres e dos ricos é também uma guerra sobre a própria existência da política. O litígio em torno da contagem dos pobres como povo, e do povo como comunidade, é o litígio em torno da existência da política, devido ao qual há política. A política é a esfera de atividade de um comum que só pode ser litigioso, a relação entre "partes" que não passam de partidos e credenciais e títulos cuja soma é sempre desigual ao todo.

Esse é o escândalo primordial da política, que a factualidade democrática leva à consideração da filosofia. O projeto nuclear da

---

[18] Em itálico, no original, *parties*. (N. da E.)

filosofia, tal como se resume em Platão, consiste em substituir a ordem aritmética, a ordem do mais e do menos que regula a troca dos bens perecíveis e dos males humanos, pela ordem divina da proporção geométrica que regula o verdadeiro bem, o bem comum que é virtualmente a vantagem de cada um, sem ser a desvantagem de ninguém. Uma ciência, a ciência matemática, fornece o modelo disso, o modelo de uma ordem do número cujo próprio rigor provém do fato de escapar à medida comum. A via do bem passa pela substituição da aritmética dos comerciantes e dos balconistas por uma matemática dos incomensuráveis. O problema é que há pelo menos um campo em que a simples ordem do mais e do menos foi suspensa, sendo substituída por uma ordem, por uma proporção específica. Esse campo se chama política. A política existe devido a uma grandeza que escapa à medida ordinária, essa parte dos sem-parte que é nada e tudo. Essa grandeza paradoxal já bloqueou a "corrente" das grandezas mercantis, suspendeu os efeitos da aritmética no corpo social. A filosofia quer substituir na cidade e na alma, como na ciência das superfícies, dos volumes e dos astros, a igualdade aritmética pela igualdade geométrica. Ora, o que a liberdade vazia dos atenienses lhe apresenta é o efeito de uma igualdade diferente, que suspende a aritmética simples sem fundar nenhuma geometria. Essa igualdade é simplesmente a igualdade de qualquer um com qualquer um, quer dizer, em última instância, a ausência de *arkhé*, a pura contingência de toda ordem social. O autor do *Górgias* emprega toda a sua raiva para provar que tal igualdade nada mais é que a igualdade aritmética dos oligarcas, quer dizer, a desigualdade do desejo — o apetite desmedido que faz girar as almas vulgares no círculo do prazer, indefinidamente acompanhadas pelo sofrimento, e os regimes girarem no círculo infernal da oligarquia, da democracia e da tirania. A "igualdade" que os chefes do partido popular deram ao povo de Atenas é para ele apenas a fome nunca saciada do cada vez mais: cada vez mais portos e navios, mercadorias e colônias, arsenais e fortificações. Mas Platão sabe muito bem que o mal é mais profundo. O mal não é essa fome insaciável de navios e de fortificações. É que, na Assembleia do povo, qualquer sapateiro ou ferreiro possa levantar-se para dar sua opinião sobre a maneira de conduzir esses navios ou de construir essas fortificações e, mais ainda, sobre a maneira justa ou injusta de usá-los para o bem comum. O mal não é o *cada vez mais*, porém o *qualquer um*, a brutal revelação da *anarquia* última sobre a qual repousa toda hierarquia. O debate sobre a natureza ou a convenção, que opõe Sócrates a Protágoras ou a Cálicles, é ainda uma maneira tranquilizadora de apresentar o escândalo. Pois o fundamento da política não é uma questão de convenção nem de natureza: é ausência de fundamento, é a pura contingência de toda ordem social. Há política simplesmente porque nenhuma ordem social está fundada na natureza, porque nenhuma lei divina ordena as sociedades humanas. Tal é a lição que o próprio Platão dá no grande mito do *Político*. É inútil querer buscar modelos na era de Cronos e nos sonhos néscios dos reis pastores. Entre a era de Cronos e nós, a incisão do dano já se fez. Quando se decide basear em seu princípio a proporção da cidade, é que a democracia já passou por aí. Nosso mundo gira "em sentido contrário" e quem quiser curar a política de seus males terá apenas uma solução: a mentira que inventa uma natureza social para dar à comunidade uma *arkhé*.

Existe política porque — quando — a ordem natural dos reis pastores, dos senhores de guerra ou das pessoas de posse é interrompida por uma liberdade que vem atualizar a igualdade última na qual assenta toda ordem social. Antes do *logos* que discute sobre o útil e o nocivo, há o *logos* que ordena e confere o direito de ordenar. Mas esse *logos* primeiro já está mordido por uma contradição primeira. Há ordem na sociedade porque uns mandam e os outros obedecem. Mas, para obedecer a uma ordem, são necessárias pelo menos duas coisas: deve-se compreender a ordem e deve-se compreender que é preciso obedecer-lhe. E, para fazer isso, é preciso já ser o igual daquele que manda. É essa igualdade que corrói toda ordem natural. Sem dúvida, os inferiores obedecem na quase totalidade dos casos. Resta que a ordem social é, por aí, remetida à sua contingência última. A desigualdade só é possível, em última instância, pela igualdade. Existe política quando a lógica supostamente natural da dominação é atravessada pelo efeito dessa igualdade. Isso quer dizer que não existe sempre política. Ela acontece, aliás, muito pouco e raramente. O que comumente se

O começo da política

atribui à história política ou à ciência do político na verdade depende, com frequência muito maior, de outras maquinarias, que por sua vez provêm do exercício da majestade, do vicariato da divindade, do comando dos exércitos ou da gestão dos interesses. Só existe política quando essas maquinarias são interrompidas pelo efeito de uma pressuposição que lhes é totalmente estranha e sem a qual entretanto, em última instância, nenhuma delas poderia funcionar: a pressuposição da igualdade de qualquer pessoa com qualquer pessoa, ou seja, em definitivo, a paradoxal efetividade da pura contingência de toda ordem.

Esse segredo último da política será enunciado por um "moderno", Hobbes, que correu o risco de tê-lo rebatizado, para as necessidades de sua causa, de guerra de todos contra todos. Quanto aos "clássicos", eles sim determinam com muita precisão essa igualdade, ao mesmo tempo em que se esquivam de seu enunciado. É que a liberdade deles se define em relação a um contrário muito específico, que é a escravatura. E o escravo é, muito precisamente, aquele que tem a capacidade de compreender um *logos* sem ter a capacidade do *logos*. É essa transição específica entre a animalidade e a humanidade que Aristóteles define com exatidão: ὁ κοινωνῶν λόγου τοσοῦτον ὅσον αἰσθάνεσθαι ἀλλὰ μὴ ἔχειν: "o escravo é aquele que participa da comunidade da linguagem apenas sob a forma da compreensão [*aisthesis*], não da posse [*hexis*]".[19] A naturalidade contingente da liberdade do homem do povo e a naturalidade da escravidão podem então ser partilhadas, sem remeter à contingência final da igualdade. Isso quer dizer, também, que essa igualdade pode ser colocada como não tendo consequências sobre algo como a política. É a demonstração que Platão já havia realizado ao fazer o escravo de Mênon descobrir a regra da duplicação do quadrado. O fato de o pequeno escravo chegar tão bem quanto Sócrates a essa operação que separa a ordem geométrica da ordem aritmética, que ele participe pois da mesma inteligência, não estabelece em seu favor nenhuma forma de inclusão comunitária.

---

[19] Aristóteles, *Política*, I, 1254 b 22.

Os "clássicos" cercam pois a igualdade primária do *logos* sem nomeá-la. O que definem, em contrapartida, de uma maneira que permanecerá incompreensível aos pensadores modernos do contrato e do estado de natureza, é a torção que esse princípio, que não é um princípio, produz quando se efetua como "liberdade" das pessoas de nada. Existe política quando a contingência igualitária interrompe como "liberdade" do povo a ordem natural das dominações, quando essa interrupção produz um dispositivo específico: uma divisão da sociedade em "partes" que não são "partes" *verdadeiras*; a instituição de uma "parte" que se iguala ao todo em nome de uma "propriedade" que não lhe é absolutamente própria, e de um "comum" que é a comunidade de um litígio. Tal é em definitivo o dano que, passando entre o útil e o justo, proíbe qualquer dedução de um para o outro. A instituição da política é idêntica à instituição da luta de classes. A luta de classes não é o motor secreto da política ou a verdade escondida por trás de suas aparências. Ela é a própria política, a política tal como a encontram, sempre já estabelecida, os que querem fundar a comunidade com base em sua *arkhé*. Não se deve entender com isso que a política exista porque grupos sociais entram em luta por seus interesses divergentes. A torção pela qual existe política é também a que institui as classes como diferentes de si mesmas. O proletariado não é uma classe, mas a dissolução de todas as classes, e nisso consiste sua universalidade, dirá Marx. Devemos dar a esse enunciado a sua plena generalidade. A política é a instituição do litígio entre classes que não são verdadeiramente classes. Classes "verdadeiras", isso quer dizer — quereria dizer — "partes" reais da sociedade, categorias que correspondem a suas funções. Ora, vale para o *demos* ateniense, que se identifica à comunidade inteira, o mesmo que vale para o proletariado marxista, que confessa ser exceção radical à comunidade. Um e outro unem em nome de uma "parte" da sociedade o puro título da igualdade de qualquer um a qualquer um, através do qual todas as classes se disjungem e a política existe. A universalidade da política é a de uma diferença a si de cada parte e a do diferendo como comunidade. O dano que institui a política não é primeiramente a dissensão das classes, é a diferença a si de cada uma que impõe à própria divisão do corpo

O começo da política   33

social a lei da mistura, a lei do qualquer um fazendo qualquer coisa. Platão tem para isso uma palavra: *polypragmosyné*, o fato de fazer "muito", de fazer "demais", de fazer qualquer coisa. Se o *Górgias* é a interminável demonstração de que a igualdade democrática não passa de desigualdade tirânica, a organização da *República* é, por sua vez, uma caça interminável a essa *polypragmosyné*, a essa confusão das atividades capaz de destruir toda repartição ordenada das funções da cidade e de fazer as classes se atravessarem umas às outras. O Livro IV da *República*, no momento de definir a justiça — a verdadeira justiça, a que exclui o dano —, nos adverte solenemente: essa confusão "causaria à cidade o maior dano e é com razão que passaria por ser crime maior".[20]

A política começa por um dano maior: a suspensão posta pela liberdade vazia do povo entre a ordem aritmética e a ordem geométrica. Não é a utilidade comum que pode basear a comunidade política, como também não é o enfrentamento e a composição dos interesses. O dano pelo qual existe política não é nenhuma falta pedindo reparação. É a introdução de um incomensurável no seio da distribuição dos corpos falantes. Esse incomensurável não rompe apenas a igualdade dos lucros e das perdas. Ele arruína também por antecipação o projeto da cidade ordenada segundo a proporção do *cosmos*, baseada na *arkhé* da comunidade.

---

[20] Platão, *República*, IV, 434 c.

O DANO: POLÍTICA E POLÍCIA

A bela dedução que vai das propriedades do animal lógico para os fins do animal político esconde então um dilaceramento. Entre o útil e o justo, há o incomensurável do dano que sozinho institui a comunidade política como antagonismo de "partes" da comunidade que não são verdadeiras "partes" do corpo social. Mas, por sua vez, a falsa continuidade do útil ao justo vem denunciar a falsa evidência da oposição tão incisiva que separa os homens dotados de *logos* dos animais limitados unicamente ao instrumento da voz (*phoné*). A voz, diz Aristóteles, é um instrumento destinado a um fim limitado. Serve aos animais em geral para indicar (*semainein*) a sensação que têm de dor e agrado. Agrado e dor situam-se aquém da partilha que reserva aos humanos e à comunidade política o sentimento do proveitoso e do prejudicial, *logo* a comunhão do justo e do injusto. Mas, partilhando tão claramente as funções ordinárias da voz e os privilégios da palavra, pode Aristóteles esquecer o furor das acusações lançadas por seu mestre Platão contra o "grande e robusto animal" popular? O Livro VI da *República* se compraz em nos mostrar esse grande animal respondendo às palavras que o adulam com o tumulto de suas aclamações e àquelas que o irritam, com o alarido de sua reprovação. Eis por que a "ciência" daqueles que se apresentam à sua volta consiste tão só em conhecer os efeitos de voz que fazem o grande e robusto animal grunhir e os que o deixam calmo e dócil. Assim como o *demos* usurpa o título da comunidade, a democracia é o regime — o modo de vida — em que a voz (que não apenas exprime mas também proporciona os sentimentos ilusórios do prazer e do sofrimento) usurpa os privilégios do *logos* que faz reconhecer o justo e ordena sua realização na proporção comunitária. A metáfora do grande e robusto animal não é uma simples metáfora. Ela serve rigorosamente para prostrar na animalidade esses seres falantes sem qualidade que introduzem a perturbação no *logos* e em sua realização política como *analogia* das partes da comunidade.

A simples oposição entre animais lógicos e animais fônicos não é pois, de forma alguma, o dado sobre o qual se funda a política. Ela é, ao contrário, um dos elementos que está em jogo no próprio litígio que institui a política. No âmago da política, há um duplo dano, um conflito fundamental e nunca considerado como tal em torno da relação entre a capacidade do ser falante sem propriedade e a capacidade política. Para Platão, a multiplicidade dos seres falantes anônimos que se nomeia "povo" prejudica toda distribuição ordenada dos corpos em comunidade. Mas inversamente "povo" é o nome, a forma de subjetivação, desse dano imemorial e perene pelo qual a ordem social se simboliza rejeitando a maioria dos seres falantes para a noite do silêncio ou o ruído animal das vozes que exprimem satisfação ou sofrimento. Isso porque, antes das dívidas que colocam as pessoas de nada na dependência dos oligarcas, há a distribuição simbólica dos corpos, que as divide em duas categorias: aquelas a quem se vê e aquelas a quem não se vê, aquelas de quem há um *logos* — uma palavra memorial, uma conta a manter — e aquelas acerca das quais não há *logos*, aquelas que falam realmente e aquelas cuja voz, para exprimir prazer e dor, apenas imita a voz articulada. Há política porque o *logos* nunca é simplesmente a palavra, porque ele é sempre indissoluvelmente a *conta* que é feita dessa palavra: a conta pela qual uma emissão sonora é ouvida como palavra, apta a enunciar o justo, enquanto uma outra é apenas percebida como ruído que designa prazer ou dor, consentimento ou revolta.

É o que nos diz um pensador francês do século XIX ao reescrever o relato feito por Tito Lívio da secessão dos plebeus romanos no monte Aventino. Em 1829, Pierre-Simon Ballanche publica na *Revue de Paris* uma série de artigos sob o título de "Fórmula geral da história de todos os povos aplicada à história do povo rômano". À sua maneira, Ballanche estabelece um vínculo entre a política dos "clássicos" e a dos "modernos". O relato de Tito Lívio encadeava o fim da guerra contra os volscos, a retirada da plebe para o monte Aventino, a embaixada de Menênio Agripa, a fábula que o celebrizou e a volta dos plebeus à ordem. Ballanche censura ao historiador latino sua incapacidade de pensar o acontecimento a não ser como revolta, um levante da miséria e da cólera que institui uma relação de forças privada de sentido. Tito Lívio é incapaz de conferir sentido ao conflito porque é incapaz de situar a fábula de Menênio Agripa no seu verdadeiro contexto: o de uma querela sobre a questão da fala enquanto tal. Centralizando seu relato-apólogo nas discussões dos senadores e nos atos de fala dos plebeus, Ballanche efetua uma reencenação do conflito na qual toda a questão consiste em saber se existe um palco comum onde plebeus e patrícios possam debater sobre alguma coisa.

A posição dos patrícios intransigentes é simples: não há por que discutir com os plebeus, pela simples razão de que estes não falam. E não falam porque são seres sem nome, privados de *logos*, quer dizer, de inscrição simbólica na cidade. Vivem uma vida puramente individual, que não transmite nada a não ser a própria vida, reduzida a sua faculdade reprodutiva. Aquele que não tem nome não *pode* falar. Um erro fatal faz o deputado Menênio imaginar que da boca dos plebeus saíssem *palavras*, quando logicamente só poderia sair ruído.

> "Possuem a fala como nós, ousaram eles dizer a Menênio! Foi um deus quem fechou a boca de Menênio, quem ofuscou seu olhar, quem fez zumbir seus ouvidos? Será que foi tomado de uma vertigem sagrada? [...] ele não soube responder-lhes que tinham uma fala transitória, uma palavra que é um som fugidio, espécie de mugido, sinal da necessidade e não manifestação da inteligência. São privados da palavra eterna que estava no passado, que estará no futuro."[21]

---

[21] Ballanche, "Formule générale de tous les peuples appliquée à l'histoire du peuple romain", *Revue de Paris*, setembro de 1830, p. 94.

O discurso que Ballanche atribui a Ápio Cláudio apresenta perfeitamente o argumento da querela. Entre a linguagem daqueles que têm um nome e o mugido dos seres sem nome, não há situação de troca linguística que possa ser constituída, não há regras ou código para a discussão. Esse veredito não reflete apenas a obstinação dos dominantes ou sua cegueira ideológica. Exprime estritamente a ordem do sensível que organiza sua dominação, que é essa própria dominação. Antes de ser um traidor da sua classe, o deputado Menênio, que pensa ter ouvido os plebeus falarem, é vítima de uma ilusão dos sentidos. A ordem que estrutura a dominação dos patrícios não conhece *logos* que possa ser articulado por seres privados de *logos*, nem *palavra* que possa ser proferida por seres sem nome, por seres dos quais não existe *conta*.

Diante de tal situação, o que fazem os plebeus reunidos no Aventino? Não armam trincheiras, a exemplo dos escravos dos Citas. Fazem o que para estes era impensável: instituem uma outra ordem, uma outra partilha do sensível, constituindo-se não como guerreiros iguais a outros guerreiros, mas como seres falantes partilhando as mesmas propriedades daqueles que as negam a eles. Executam assim uma série de atos de fala que mimetizam os dos patrícios: proferem imprecações e celebram apoteoses; delegam um dos seus para ir consultar *seus* oráculos; outorgam-se representantes rebatizando-os. Em suma, comportam-se como seres que têm nomes. Descobrem-se, ao modo da transgressão, como seres falantes, dotados de fala e palavras que não exprimem simplesmente a necessidade, o sofrimento e o furor, mas manifestam a inteligência. Escrevem, diz Ballanche, "um nome no céu": um lugar numa ordem simbólica da comunidade dos seres falantes, numa comunidade que ainda não tem efetividade na *civitas* romana.

O relato nos apresenta essas duas cenas e nos mostra, entre as duas, observadores e emissários que circulam — num único sentido, é claro. São patrícios atípicos que vêm ver e ouvir o que se passa nessa cena, inexistente por direito. E observam este fenômeno incrível: os plebeus transgrediram, pelo fato, a ordem da cidade. Deram nomes a si mesmos. Executaram uma série de atos de fala que ligam a vida de seus corpos a palavras e aos usos das palavras. Em suma, na linguagem de Ballanche, de "mortais" que eram, tornaram-se "homens", quer dizer, seres que empenham em palavras um destino coletivo. Tornaram-se seres passíveis de firmar promessas e de estabelecer contratos. A consequência disso é que, quando Menênio Agripa conta seu apólogo, escutam-no educadamente e agradecem, mas para em seguida lhe pedir um tratado. Ele protesta, dizendo que isso é logicamente impossível. Infelizmente, diz Ballanche, seu apólogo tinha, num único dia, "envelhecido de um ciclo". A coisa é simples de formular: se os plebeus podiam compreender seu apólogo — o apólogo da necessária desigualdade entre o princípio vital patrício e os membros executantes da plebe —, é que já eram, necessariamente, iguais. O apólogo quer dar a compreender uma partilha desigualitária do sensível. Ora, o senso necessário para compreender essa partilha pressupõe uma partilha igualitária que destrói a primeira. Mas somente o desenvolvimento de uma cena de manifestação específica confere, a essa igualdade, efetividade. Somente esse dispositivo mede a distância do *logos* a si mesmo e faz efeito dessa medida, organizando um outro espaço sensível em que se verifica que os plebeus falam *como* os patrícios e que a dominação destes não tem outro fundamento que a pura contingência de toda ordem social.

O Senado romano, no relato de Ballanche, é animado por um Conselho secreto de velhos sábios. Estes sabem que, quando um ciclo acaba, ele acaba, quer isso agrade ou não. E concluem que, já que os plebeus se tornaram seres falantes, nada mais há a fazer, a não ser falar com eles. Essa conclusão está em conformidade com a filosofia que Ballanche retoma de Vico: a passagem de uma era da palavra a outra não é uma revolta que se possa reprimir, é uma revelação progressiva, cujos sinais se reconhecem e contra a qual não se luta. Mas o que nos importa aqui, mais do que essa filosofia determinada, é a maneira como o apólogo situa a relação entre o privilégio do *logos* e o jogo do litígio que institui a cena política. Antes de qualquer medida dos interesses e dos títulos de tal ou qual parte, o litígio refere-se à existência das "partes" como "partes", a existência de uma relação que as constitui como tais. E o duplo sentido do *logos*, como fala e como contagem, é o lugar onde se trava o conflito. O apólogo do monte Aventino permite-nos reformular o enunciado aristotélico sobre a função política do *logos*

O dano: política e polícia

humano e sobre a significação do dano que ele manifesta. A fala por meio da qual existe política é aquela que mensura a distância mesma da palavra e de sua contagem. E a *aisthesis* que se manifesta nessa fala é a própria querela em torno da constituição da *aisthesis*, sobre a partilha do sensível pela qual corpos se encontram em comunidade. Vamos entender aqui partilha [*partage*] no duplo sentido da palavra: comunidade e separação. É a relação de ambas que define uma partilha do sensível. E é essa relação que está em jogo no "duplo sentido" do apólogo: o que ele faz entender e o que é necessário para entendê-lo. Saber se os plebeus falam é saber se existe algo "entre" as "partes". Para os patrícios, não há cena política *já que* não há "partes". Não há "partes" já que os plebeus, não tendo *logos*, não *são*. "O infortúnio de vocês é não serem", diz um patrício aos plebeus, "e esse infortúnio é inelutável".[22] É esse o ponto decisivo que é obscuramente indicado na definição aristotélica ou na polêmica platônica, mas que é inteiramente eclipsado, em contrapartida, por todas as concepções mercantis, contratuais ou comunicacionais da comunidade política. A política é primeiramente o conflito em torno da existência de uma cena comum, em torno da existência e da qualidade daqueles que estão ali presentes. É preciso antes de mais nada estabelecer que a cena existe para o uso de um interlocutor que não a vê e que não tem razões para vê-la *já que* ela não existe. As "partes" não preexistem ao conflito que elas nomeiam e no qual se fazem contar como "partes". A "discussão" do dano não é uma troca — nem mesmo uma troca violenta — entre parceiros constituídos. Ela diz respeito à própria situação de fala e seus atores. A política não existe porque os homens, por meio do privilégio da fala, acordam seus interesses em comum. A política existe porque aqueles que não têm direito de ser contados como seres falantes conseguem ser contados, e instituem uma comunidade pelo fato de colocarem em comum o dano que nada mais é que o próprio enfrentamento, a contradição de dois mundos alojados num só: o mundo em que estão e aquele em que não estão, o mundo onde há

---

[22] Ballanche, *op. cit.*, p. 75.

algo "entre" eles e aqueles que não os conhecem como seres falantes e contáveis e o mundo onde não há nada. A facticidade da liberdade ateniense e o extraordinário da secessão plebeia colocam em cena um conflito fundamental, que se faz ao mesmo tempo presente e ausente na guerra servil da Cítia. O conflito separa dois modos do estar-junto humano, dois tipos de partilha do sensível, opostos em seu princípio e no entanto enlaçados um ao outro pelas contagens impossíveis da proporção, assim como nas violências do conflito. Há o modo de estar-junto que situa os corpos em seu lugar e nas suas funções segundo suas "propriedades", segundo seu nome ou sua ausência de nome, o caráter "lógico" ou "fônico" dos sons que saem de sua boca. O princípio desse estar-junto é simples: dá a cada um a parte que lhe cabe segundo a evidência do que ele é. As maneiras de ser, as maneiras de fazer e as maneiras de dizer — ou de não dizer — aí remetem exatamente umas às outras. Os Citas, ao furar os olhos daqueles que têm de executar com as mãos a tarefa que lhes é mandada, dão o exemplo selvagem disso. Os patrícios, que não podem ouvir a palavra daqueles que não podem tê-la, fornecem a sua fórmula clássica. Os "políticos" da comunicação e da sondagem que, a cada instante, dão a cada um de nós o espetáculo inteiro de um mundo que se tornou indiferente e a conta exata daquilo que cada faixa etária e cada categoria sócio-profissional pensam do "futuro político" de tal ou qual ministro poderiam ser considerados uma fórmula moderna exemplar disso. Há portanto, de um lado, essa lógica que conta as partes unicamente das "partes", que distribui os corpos no espaço de sua visibilidade ou de sua invisibilidade e põe em concordância os modos do ser, os modos do fazer e os modos do dizer que convêm a cada um. E há a outra lógica, aquela que suspende essa harmonia pelo simples fato de atualizar a contingência da igualdade, nem aritmética nem geométrica, dos seres falantes quaisquer.

No conflito primário que põe em litígio a dedução entre a capacidade do ser falante qualquer e a comunidade do justo e do injusto, deve-se então reconhecer duas lógicas do estar-junto humano que geralmente se confundem sob o nome de política, quando a atividade política nada mais é que a atividade que instaura uma partilha entre elas. Chama-se geralmente pelo nome de política o conjunto dos processos pelos quais se operam a agregação e o consentimento das coletividades, a organização dos poderes, a distribuição dos lugares e funções e os sistemas de legitimação dessa distribuição. Proponho dar um outro nome a essa distribuição e ao sistema dessas legitimações. Proponho chamá-los de *polícia*. Sem dúvida, essa designação coloca alguns problemas. A palavra *polícia* evoca comumente o que se chama "baixa polícia", os golpes de cassetete das forças da ordem e as inquisições das polícias secretas. Mas essa identificação restritiva pode ser considerada contingente. Michel Foucault mostrou que, como técnica de governo, a polícia definida pelos autores do século XVII e XVIII estendia-se a tudo o que diz respeito ao "homem" e à sua "felicidade".[23] A baixa polícia é apenas uma forma particular de uma ordem mais geral que dispõe o sensível, na qual os corpos são distribuídos em comunidade. É a fraqueza e não a força dessa ordem que infla em certos estados a baixa polícia, até encarregá-la do conjunto das funções de polícia. Prova disso, *a contrario*, é a evolução das sociedades ocidentais que faz do policial um elemento de um dispositivo social em que se entrelaçam o médico, o assistencial e o cultural. O policial está fadado nesse contexto a tornar-se conselheiro e animador tanto quanto agente da ordem pública e sem dúvida até o seu nome será trocado um dia, nesse processo de eufemização pelo qual nossas sociedades revalorizam, ao menos em imagem, todas as funções tradicionais desprezadas. Portanto, utilizarei a partir de agora a palavra *polícia* e o adjetivo *policial* num sentido amplo, que é também um sentido "neutro", não pejorativo. Nem por isso estou identificando a polícia àquilo que é designado pelo nome de "aparelho de Estado". A noção de aparelho de Estado encontra-se de fato ligada à pressuposição de que Estado e sociedade se opõem, sendo o primeiro figurado como a máquina, o "monstro frio" que impõe a rigidez de sua ordem à

---

[23] Michel Foucault, "*Omnes et singulatim*: vers une critique de la raison politique", *Dits et écrits*, t. IV, Paris, Gallimard, pp. 134-61 [ed. bras.: "*Omnes et singulatim*: por uma crítica da 'razão política'", *Novos Estudos Cebrap*, n° 26, março, 1990].

vida da segunda. Ora, essa figuração já pressupõe uma certa "filosofia política", isto é, uma certa confusão da política e da polícia. A distribuição dos lugares e funções que define uma ordem policial depende tanto da suposta espontaneidade das relações sociais quanto da rigidez das funções de Estado. A polícia é, na sua essência, a lei, geralmente implícita, que define a parte ou a ausência de parte das "partes". Mas, para definir isso, é preciso antes definir a configuração do sensível na qual se inscrevem umas e outras. A polícia é assim, antes de mais nada, uma ordem dos corpos que define as partilhas entre os modos do fazer, os modos de ser e os modos do dizer, que faz que tais corpos sejam designados por seu nome para tal lugar e tal tarefa; é uma ordem do visível e do dizível que faz com que essa atividade seja visível e outra não o seja, que essa palavra seja entendida como discurso e outra como ruído. É, por exemplo, uma lei de polícia que faz com que tradicionalmente o lugar de trabalho seja um espaço privado não regido pelos modos do ver e do dizer próprios do que se chama "o espaço público", e onde o *ter parte* do trabalhador é estritamente definido pela remuneração de seu trabalho. A polícia não é tanto uma "disciplinarização" dos corpos quanto uma regra de seu aparecer, uma configuração das *ocupações* e das propriedades dos espaços em que essas ocupações são distribuídas.

Proponho agora reservar o nome de *política* para uma atividade bem determinada e antagônica a *polícia*: aquela atividade que rompe a configuração sensível em que as "partes" e as partes ou sua ausência são definidas com base em um pressuposto que, por definição, não tem lugar: a de uma parte dos que não têm parte. Essa ruptura se manifesta por uma série de atos que reconfiguram o espaço no qual as "partes", as partes e as ausências de partes se definiam. A atividade política é a que desloca um corpo do lugar que lhe era designado ou muda a destinação de um lugar; ela faz ver o que não cabia ser visto, faz ouvir um discurso ali onde só tinha lugar o ruído, faz ouvir como discurso o que só era ouvido como ruído. Pode ser a atividade dos plebeus de Ballanche que fazem uso de uma fala que "não têm". Pode ser a desses operários do século XIX que estabelecem razões coletivas para relações de trabalho que dependem tão só de uma infinidade de relações indi-

O dano: política e polícia   43

viduais privadas. Ou ainda a desses manifestantes de ruas ou barricadas que literalizam como "espaço público" as vias de comunicação urbanas. Espetacular ou não, a atividade política é sempre um modo de manifestação que desfaz as partilhas sensíveis da ordem policial ao atualizar uma pressuposição que lhe é heterogênea por princípio, a de uma parte dos sem-parte que manifesta ela mesma, em última instância, a pura contingência da ordem, a igualdade de qualquer ser falante com outro ser falante qualquer. Existe política quando existe um lugar e formas para o encontro entre dois processos heterogêneos. O primeiro é o processo policial no sentido que o tentamos definir. O segundo é o processo da igualdade. Entendamos provisoriamente sob esse termo o conjunto aberto das práticas guiadas pela suposição da igualdade de um ser falante qualquer com outro ser falante qualquer e pela preocupação de averiguar essa igualdade.

A formulação dessa oposição exige algumas precisões e acarreta alguns corolários. Antes de mais nada, não faremos da ordem policial assim definida a noite onde tudo se equivale. A prática dos Citas de furar os olhos de seus escravos e a das estratégias modernas da informação e da comunicação que, ao contrário, abrem infinitamente os olhos, prendem-se ambas à polícia. Não tiraremos de forma alguma a conclusão niilista de que uma e outra se equivalem. Nossa situação é em tudo melhor que a dos escravos dos Citas. Há uma polícia pior e uma melhor — não sendo a melhor, aliás, a que segue a ordem supostamente natural das sociedades ou a ciência dos legisladores, mas aquela que as rupturas e os arrombamentos da lógica igualitária vieram na maioria das vezes sacudir e afastar de sua lógica "natural". A polícia pode proporcionar todos os tipos de bens e uma polícia pode ser infinitamente preferível a outra. Isso não muda sua natureza, que é a única coisa aqui que está em questão. O regime da opinião sondada e da exibição permanente do real é hoje a forma comum da polícia nas sociedades ocidentais. A polícia pode ser doce e amável. Continua sendo, mesmo assim, o contrário da política, e convém circunscrever o que cabe a cada uma delas. É assim que muitas questões tradicionalmente repertoriadas como questões sobre as relações da moral e da política só tratam, a rigor, das relações da moral e da polícia. Saber, por exemplo, se todos os meios são bons para assegurar a tranquilidade da população e a segurança do Estado é uma questão que não depende do pensamento político — o que não significa que não possa fornecer o lugar de uma intervenção transversal da política. É assim também que a maior parte das medidas que nossos grupos e laboratórios de "reflexão política" imaginam para mudar ou renovar a política aproximando o cidadão do Estado ou o Estado do cidadão oferece, na verdade, à política sua mais simples alternativa: a da simples polícia. Pois é uma figuração da comunidade própria à polícia aquela que identifica a cidadania como propriedade dos indivíduos passível de se definir numa relação de maior ou menor proximidade entre o seu lugar e o do poder público. Quanto à política, ela não conhece relação entre os cidadãos e o Estado. Ela conhece apenas dispositivos e manifestações singulares pelos quais às vezes há uma cidadania que nunca pertence aos indivíduos como tais.

Não se deve esquecer também que, se a política emprega uma lógica totalmente heterogênea à da polícia, está sempre amarrada a ela. A razão disso é simples. A política não tem objetos ou questões que lhe sejam próprios. Seu único princípio, a igualdade, não lhe é próprio e não tem nada de político em si mesmo. Tudo o que ela faz é dar-lhe uma atualidade sob a forma de caso, inscrever, sob a forma do litígio, a verificação da igualdade no coração da ordem policial. O que constitui o caráter político de uma ação não é seu objeto ou o lugar onde é exercida, mas unicamente sua forma, a que inscreve a verificação da igualdade na instituição de um litígio, de uma comunidade que existe tão só pela divisão. A política encontra em toda parte a polícia. Deve-se pensar esse encontro como encontro dos heterogêneos. Para isso, deve-se renunciar ao benefício de alguns conceitos que asseguram por antecipação a passagem entre os dois campos. O conceito de poder é o primeiro desses conceitos. Foi ele que permitiu, outrora, a uma certa boa vontade militante afirmar que "tudo é político", já que por toda parte há relações de poder. A partir daí é possível compartir a visão sombria de um poder que está em toda parte, presente a todo instante, a visão heroica da política como resistência ou a visão lúdica dos espaços de afirmação criados por aqueles e aquelas que viram as

O dano: política e polícia

costas à política e a seus jogos de poder. O conceito de poder permite concluir de um "tudo é policial" um "tudo é político". Ora, a consequência não é boa. Se tudo é político, nada o é. Se então é importante mostrar, como Michel Foucault o fez magistralmente, que a ordem policial se estende para muito além de suas instituições e técnicas especializadas, é igualmente importante dizer que nenhuma coisa é em si política, pelo único fato de que nela se exercem relações de poder. Para que uma coisa seja política, é preciso que suscite o encontro da lógica policial com a lógica igualitária, a qual nunca está pré-constituída.

Coisa alguma é por si política. Mas qualquer coisa pode vir a sê-lo se der ocasião ao encontro das duas lógicas. A mesma coisa — uma eleição, uma greve, uma manifestação — pode dar lugar à política ou não lhe dar lugar algum. Uma greve não é política quando exige reformas em vez de melhorias ou quando ataca as relações de autoridade em vez da insuficiência dos salários. Ela o é quando reconfigura as relações que determinam o local de trabalho em sua relação com a comunidade. O lar pôde se tornar um lugar político não pelo simples fato de que nele se exercem relações de poder, mas porque se viu arguido no interior de um litígio sobre a capacidade das mulheres na comunidade. Um mesmo conceito — a opinião ou o direito, por exemplo — pode designar uma estrutura do agir político ou uma estrutura da ordem policial. É assim que a mesma palavra "opinião" designa dois processos opostos: a reprodução das legitimações do governo sob a forma de "sentimentos" dos governados ou a constituição de uma cena em que se arma o litígio entre esse jogo de legitimações e os sentimentos — a escolha entre respostas dadas de antemão ou a invenção de uma pergunta que ninguém se colocava. Mas é preciso acrescentar que essas palavras podem também designar, e designam na maioria das vezes, o próprio entrelaçamento das lógicas. A política age sobre a polícia. Ela age em lugares e com palavras que lhes são comuns, se for preciso reconfigurando esses lugares e mudando o estatuto dessas palavras. O que é habitualmente colocado como o lugar do político, ou seja, o conjunto das instituições do Estado, não é um lugar homogêneo. Sua configuração é determinada por um estado das relações entre a lógica política e a lógica policial. Mas é também, com certeza, o lugar privilegiado onde a diferença entre elas é dissimulada pela pressuposição de uma relação direta entre a *arkhé* da comunidade e a distribuição das instituições, das *archai* que efetuam o princípio.

Coisa alguma é em si mesma política, pois a política só existe por um princípio que não lhe é próprio, a igualdade. O estatuto desse "princípio" deve ser especificado. A igualdade não é um dado que a política aplica, uma essência que a lei encarna nem um objetivo que ela se propõe atingir. É apenas uma pressuposição que deve ser discernida nas práticas que a põem em uso. Assim, no apólogo do monte Aventino, a pressuposição igualitária deve ser discernida até no discurso que pronuncia a fatalidade da desigualdade. Menênio Agripa explica aos plebeus que eles são apenas os membros estúpidos de uma cidade cujo coração são os patrícios. Mas, para ensinar-lhes assim seu lugar, deve pressupor que os plebeus entendam seu discurso. Deve pressupor essa igualdade dos seres falantes que contradiz a distribuição policial dos corpos colocados em seu lugar e estabelecidos em sua função.

Concedamos, de antemão, aos espíritos ponderados, para os quais a igualdade rima com a utopia enquanto a desigualdade evoca a sadia robusteza das coisas naturais: essa pressuposição é mesmo tão vazia quanto eles a descrevem. Não tem por si mesma nenhum efeito particular, nenhuma consistência política. Pode-se até duvidar de que chegue um dia a ter esse efeito e essa consistência. Melhor ainda, os que levaram essa dúvida a seu limite extremo são os partidários mais resolutos da igualdade. Para que haja política, é preciso que a lógica policial e a lógica igualitária tenham um ponto de encontro. Essa consistência da igualdade vazia só pode ser ela mesma uma propriedade vazia, como o é a liberdade dos atenienses. É aí que se joga a possibilidade ou a impossibilidade da política. É aí também que os espíritos ponderados perdem suas balizas: para eles, são as noções vazias de igualdade e de liberdade que impedem a política. Ora, o problema é estritamente o inverso: para que haja política, é preciso que o vazio apolítico da igualdade de qualquer pessoa com qualquer pessoa produza o vazio de uma propriedade política como a liberdade do *demos* ateniense. É uma suposição que se pode rejeitar. Analisei num outro trabalho a forma pura dessa rejeição na obra do teórico da igualdade das inteligências e da emancipação intelectual, Joseph Jacotot.[24] Ele opõe radicalmente a lógica da pressuposição igualitária à da agregação dos corpos sociais. Para ele sempre é possível dar prova dessa igualdade sem a qual nenhuma desigualdade pode ser pensada, mas sob a estrita condição de que essa prova seja sempre singular, que seja a cada vez a reiteração do puro traçado de sua verificação. Essa prova sempre singular da igualdade não pode consistir em nenhuma forma de vínculo social. A igualdade vira seu contrário, tão logo ela quer inscrever-se num lugar da organização social e estatal. É assim que a emancipação intelectual não pode institucionalizar-se sem tornar-se instrução do povo, isto é, organização de sua perpétua menoridade. Assim, os dois processos devem continuar absolutamente estranhos um ao outro, constituindo duas comunidades radicalmente diferentes, mesmo que sejam compostas pelos mesmos indivíduos, a comunidade das inteligências iguais e a dos corpos sociais agregados pela ficção desigualitária. Eles nunca podem entrelaçar-se, a não ser transformando a igualdade em seu contrário. A igualdade das inteligências, condição absoluta de toda comunicação e de toda ordem social, não poderia causar efeito nessa ordem pela liberdade vazia de nenhum sujeito coletivo. Todos os indivíduos de uma sociedade podem ser emancipados. Mas essa emancipação — que é o nome moderno do efeito de igualdade — nunca produzirá o vazio de alguma liberdade pertencente a um *demos* ou a qualquer outro sujeito do mesmo tipo. Na ordem social, não pode haver vazio. Há apenas o cheio, apenas pesos e contrapesos. A política não é, assim, o nome de nada. Não pode ser outra coisa senão a polícia, isto é, a negação da igualdade. O paradoxo da emancipação intelectual nos permite pensar o nó essencial do *logos* com o dano, a função constitutiva do dano para transformar a lógica igualitária em lógica política. Ou a igualdade não causa efeito algum na ordem social, ou causa efeito sob

---

[24] Jacques Rancière, *Le maître ignorant*, Paris, Fayard, 1987 [ed. bras.: *O mestre ignorante: cinco lições sobre a emancipação intelectual*, Belo Horizonte, Autêntica, 2010].

a forma específica do dano. A "liberdade" vazia que faz dos pobres de Atenas o sujeito político *demos* não é outra coisa senão o encontro das duas lógicas. Não é outra coisa senão o dano que institui a comunidade como comunidade do litígio. A política é a prática na qual a lógica do traço igualitário assume a forma do tratamento de um dano, onde ela se torna o argumento de um dano de princípio que vem ligar-se a um litígio determinado na partilha das ocupações, das funções e dos lugares. Ela existe mediante sujeitos ou dispositivos de subjetivação específicos. Estes medem os incomensuráveis, a lógica do traço igualitário e a da ordem policial. Fazem-no unindo ao nome de tal grupo social o puro título vazio da igualdade de qualquer pessoa com qualquer pessoa. Fazem-no sobreimpondo à ordem policial que estrutura a comunidade uma outra comunidade que só existe por e para o conflito, uma comunidade que é a do conflito em torno da própria existência do comum entre quem tem parte e quem não tem.

A política é assunto de sujeitos, ou melhor, de modos de subjetivação. Por *subjetivação* entenda-se a produção, por uma série de atos, de uma instância e de uma capacidade de enunciação que não eram identificáveis num campo de experiência dado, cuja identificação, portanto, vai de par com a reconfiguração do campo da experiência. Formalmente, o *ego sum, ego existo* cartesiano é o protótipo desses sujeitos indissociáveis de uma série de operações implicando a produção de um novo campo de experiência. Toda subjetivação política se parece com essa fórmula. Ela é um *nos sumus, nos existimus*. O que significa que o sujeito que ela faz existir tem nem mais nem menos que a consistência desse conjunto de operações e desse campo de experiência. A subjetivação política produz um múltiplo que não era dado na constituição policial da comunidade, um múltiplo cuja contagem se põe como contraditória com a lógica policial. Povo é o primeiro desses múltiplos que separam a comunidade de si mesma, a inscrição primeira de um sujeito e de uma esfera de aparência de sujeito contra o fundo da qual outros modos de subjetivação propõem a inscrição de outros "existentes", de outros sujeitos do litígio político. Um modo de subjetivação não cria sujeitos *ex nihilo*. Ele os cria transformando identidades definidas na ordem natural da repartição das funções

O dano: política e polícia 49

e dos lugares em instâncias de experiência de um litígio. "Operários" ou "mulheres" são identidades aparentemente sem mistério. Todo mundo vê de *quem* se trata. Ora, a subjetivação política arranca-os dessa evidência, colocando a questão da relação entre um *quem* e um *qual* na aparente redundância de uma proposição de existência. "Mulher" em política é o sujeito de experiência — o sujeito desnaturado, des-feminizado — que mensura a distância entre uma parte reconhecida — a da complementaridade sexual — e uma ausência de parte. "Operário", ou melhor "proletário", é da mesma forma o sujeito que mensura a distância entre a parte do trabalho como função social e a ausência de parte daqueles que o executam na definição do comum da comunidade. Toda subjetivação política é a manifestação de uma distância desse tipo. A bem conhecida lógica policial que julga que os proletários militantes *não são* trabalhadores, mas desclassificados, e que as militantes dos direitos das mulheres são criaturas estranhas a seu sexo tem, afinal de contas, fundamento. Toda subjetivação é uma desidentificação, um arrancar à naturalidade de um lugar, a abertura de um espaço de sujeito onde qualquer um pode contar-se porque é o espaço de uma contagem dos incontados, do relacionamento entre uma parte e uma ausência de parte. A subjetivação política "proletária", como tentei mostrá-lo em outro local, não é nenhuma forma de "cultura", de *ethos* coletivo que ganharia voz. Ela pressupõe, ao contrário, uma multiplicidade de fraturas que separam os corpos operários de seu *ethos* e da voz que supostamente exprime sua alma, uma multiplicidade de eventos de palavra, quer dizer, de experiências singulares do litígio em torno da palavra e da voz, em torno da partilha do sensível. O "tomar a palavra" não é consciência e expressão de um eu que afirma o que lhe é próprio. Ele é ocupação do lugar onde o *logos* define outra natureza que a *phoné*. Essa ocupação pressupõe que os destinos dos "trabalhadores" possam ser de uma maneira ou de outra transformados por uma experiência do poder dos *logoi* na qual a revivescência de antigas inscrições políticas pode combinar-se com o segredo redescoberto do alexandrino. O animal político moderno é antes de mais nada um animal literário, preso no circuito de uma literariedade que desfaz as relações entre a ordem das palavras e a ordem dos cor-

50 O desentendimento

pos que determinavam o lugar de cada um. Uma subjetivação política é o produto dessas linhas de fratura múltiplas pelas quais indivíduos e redes de indivíduos subjetivam a distância entre sua condição de animais dotados de voz e o encontro violento da igualdade do *logos*.[25]

A diferença que a desordem política vem inscrever na ordem policial pode portanto, em primeira análise, exprimir-se como diferença entre uma subjetivação e uma identificação. Ela inscreve um nome de sujeito como diferente de toda parte identificada da comunidade. Esse ponto pode ser ilustrado por um episódio histórico, uma cena de palavra que é uma das primeiras ocorrências políticas do sujeito proletário moderno. Trata-se de um diálogo exemplar, ocasionado pelo processo movido em 1832 contra o revolucionário Auguste Blanqui. Instado pelo presidente do tribunal a declinar sua profissão, ele responde simplesmente: "proletário". A essa resposta o presidente objeta de pronto: "Isso não é profissão", para logo ouvir o acusado replicar: "É a profissão de trinta milhões de franceses que vivem de seu trabalho e que são privados de seus direitos políticos"[26] — o que leva o presidente a autorizar o escrivão a anotar essa nova "profissão". Nessas duas réplicas pode-se resumir todo o conflito entre a política e a polícia. Tudo aí se liga à dupla acepção de uma mesma palavra, *profissão*. Para o promotor, encarnando a lógica policial, profissão significa ofício: a atividade que situa um corpo em seu lugar e em sua função. Ora, está claro que proletário não designa nenhum ofício, quando mui-

---

[25] Que ela seja ao mesmo tempo a perda, a passagem-para-além, no sentido do *Untergang* nietzschiano, foi o que tentei mostrar em *La nuit des prolétaires*, Paris, Fayard, 1981. Sobre a lógica dos acontecimentos de palavra, permito-me remeter também a meu livro *Les noms de l'histoire*, Paris, Seuil, 1992. Essa noção me parece ter relação com o que Jean-Luc Nancy pensa sob a noção de "tomar a palavra" [*prise de la parole*] em *Le sens du monde*, Paris, Galilée, 1993 [ed. bras.: *A noite dos proletários*, São Paulo, Companhia das Letras, 1988, e *Os nomes da história*, São Paulo, Editora Unesp, 2014].

[26] *Défense du citoyen Louis-Auguste Blanqui devant la Cour d'assises*, Paris, 1832, p. 4.

O dano: política e polícia

to um estado vagamente definido de trabalhador braçal miserável que, de qualquer forma, não se ajusta ao acusado. Mas, como político revolucionário, Blanqui dá à mesma palavra uma acepção diferente: uma profissão é uma confissão, uma declaração de pertencimento a um coletivo. Só que esse coletivo tem uma natureza bem particular. A classe dos proletários à qual Blanqui faz profissão de se alinhar não é de forma alguma identificável a um grupo social. Os proletários não são nem os trabalhadores braçais, nem as classes laboriosas. São a classe dos incontados, dos que não contam, que só existe na própria declaração pela qual eles se contam como os que não são contados. O nome *proletário* não define nem um conjunto de propriedades (trabalho manual, trabalho industrial, miséria etc.) que seriam igualmente detidas por uma multidão de indivíduos, nem um corpo coletivo que encarna um princípio, do qual esses indivíduos seriam os membros. Ele pertence a um processo de subjetivação que é idêntico ao processo de exposição de um dano. A subjetivação "proletária" define — por sobreimpressão em relação à multidão dos trabalhadores — um sujeito do dano. O que é subjetividade não é nem o trabalho nem a miséria, mas a pura contagem dos que não contam, a diferença entre a distribuição desigualitária dos corpos sociais e a igualdade dos seres falantes.

Essa é também a razão pela qual o dano exposto no nome de proletário não se identifica de forma alguma à figura historicamente datada da "vítima universal" e a seu *pathos* específico. O dano exposto pelo proletariado sofredor dos anos 1830 tem a mesma estrutura lógica que o *blaberon* implicado na liberdade sem princípios desse *demos* ateniense que se identificava insolentemente ao todo da comunidade. Simplesmente essa estrutura lógica, no caso da democracia ateniense, funciona sob sua forma elementar, na unidade imediata do *demos* como todo e como parte. A declaração de pertencimento proletário, em contrapartida, explicita a distância entre dois povos: o da comunidade política declarada e o que se define por ser excluído dessa comunidade. *Demos* é o sujeito da identidade da "parte" e do todo. "Proletário", ao contrário, subjetiva essa parte dos sem-parte que torna o todo diferente de si mesmo. Platão insurgia-se contra esse *demos* que é a contagem do incontável. Blanqui inscreve, sob o nome de proletários, os incontados no espaço em que são contáveis como incontados. A política em geral é feita desses *erros de conta*, é obra de classes que não são classes, que inscrevem sob o nome particular de uma "parte" excepcional ou de um todo da comunidade (os pobres, o proletariado, o povo) o dano que separa e reúne duas lógicas heterogêneas da comunidade. O conceito de dano não se liga pois a nenhuma dramaturgia de "vitimização". Faz parte da estrutura original de toda política. O dano é simplesmente o modo de subjetivação no qual a verificação da igualdade assume figura política. A política existe em razão de um único universal, a igualdade, a qual assume a figura específica do dano. O dano institui um universal singular, um universal polêmico, entrelaçando a apresentação da igualdade, enquanto parte dos sem-parte, ao conflito das "partes" sociais.

O dano fundador da política é, portanto, de uma natureza muito particular, que convém distinguir das figuras às quais se costuma assimilá-lo, fazendo assim desaparecer a política no direito, na religião ou na guerra. Distingue-se antes de mais nada do litígio jurídico passível de se objetivar como relação entre partes determinadas, regulável por procedimentos jurídicos apropriados. Isso se deve simplesmente ao fato de que as "partes" não existem anteriormente à declaração do dano. O proletariado não tem, antes do dano que seu nome expõe, nenhuma existência como "parte" real da sociedade. Assim, o dano que ele expõe não poderia ser regulado sob a forma de um acordo entre as "partes". Ele não pode ser regulado porque os sujeitos que o dano político põe em jogo não são entidades às quais ocorreria acidentalmente esse ou aquele dano, mas sujeitos cuja própria existência é o modo de manifestação desse dano. A persistência desse dano é infinita porque a verificação da igualdade é infinita e porque a resistência de toda ordem policial a essa verificação é de princípio. Mas ainda que esse dano não seja regulável, nem por isso é intratável. Ele não se identifica nem com a guerra inexpiável nem com a dívida irresgatável. O dano político não pode ser regulado — por meio da objetivação do litígio e de um compromisso entre as "partes". Mas pode ser tratado — por meio dos dispositivos de subjetivação que o fazem

O dano: política e polícia

consistir em uma relação modificável entre "partes", como modificação do terreno no qual o jogo é jogado. Os incomensuráveis da igualdade dos seres falantes e da distribuição dos corpos sociais medem-se um ao outro e essa medida influencia essa própria distribuição. Entre a regulação jurídica e a dívida inexpiável, o litígio político revela um inconciliável que, entretanto, é tratável. Só que esse tratamento ultrapassa todo diálogo acerca dos interesses respectivos assim como toda reciprocidade de direitos e de deveres. Ele passa pela constituição de sujeitos específicos que assumem o dano, conferem-lhe uma figura, inventam suas formas e seus novos nomes e conduzem seu tratamento numa montagem específica de *demonstrações*: de argumentos "lógicos" que são, ao mesmo tempo, reagenciamentos da relação entre a palavra e sua contagem, da configuração sensível que recorta os campos e os poderes do *logos* e da *phoné*, os lugares do visível e do invisível, e articula-os na repartição das "partes" e das partes. Uma subjetivação política torna a recortar o campo da experiência que conferia a cada um sua identidade com sua parte. Ela desfaz e recompõe as relações entre os modos do *fazer*, os modos do *ser* e os modos do *dizer* que definem a organização sensível da comunidade, as relações entre os espaços onde se faz tal coisa e aqueles onde se faz outra, as capacidades ligadas a esse *fazer* e as que são requeridas para outro. Ela pergunta se o trabalho ou a maternidade, por exemplo, são assunto privado ou assunto social, se essa função pública implica uma capacidade política. Um sujeito político não é um grupo que "toma consciência" de si, dá voz a si mesmo, impõe seu peso na sociedade. É um operador que junta e separa as regiões, as identidades, as funções, as capacidades que existem na configuração da experiência dada, quer dizer, no nó entre as partilhas da ordem policial e o que nelas já se inscreveu como igualdade, por frágeis e fugazes que sejam essas inscrições. É assim, por exemplo, que uma greve operária, na sua forma clássica, pode juntar duas coisas que não têm "nada a ver" uma com a outra: a igualdade proclamada pelas Declarações dos Direitos do Homem e um obscuro tópico de horas de trabalho ou de regulamento da oficina. O ato político da greve é, então, construir a relação entre essas coisas que não têm relação, é fazer ver junto, como objeto do litígio, a relação e a não-relação. Essa construção implica toda uma série de deslocamentos na ordem que define a *parte*[27] do trabalho: ela pressupõe que uma multiplicidade de relações de indivíduo (o empregador) a indivíduo (cada um dos seus empregados) seja posta como relação coletiva, que o lugar privado do trabalho seja posto como pertencente ao campo de uma visibilidade pública, que o próprio estatuto da relação entre o ruído (das máquinas, dos gritos ou dos sofrimentos) e a palavra argumentativa que configura o lugar e a parte do trabalho como relação privada seja refigurado. Uma subjetivação política é uma capacidade de produzir essas cenas polêmicas, essas cenas paradoxais que revelam a contradição de duas lógicas, ao colocar existências que são ao mesmo tempo inexistências ou inexistências que são ao mesmo tempo existências. Foi o que Jeanne Deroin fez de maneira exemplar quando, em 1849, se candidatou a uma eleição legislativa à qual não podia se candidatar, isto é, demonstrando a contradição de um sufrágio universal que excluía o seu sexo dessa universalidade. Ela se mostra e mostra o sujeito "as mulheres" como necessariamente incluído no povo francês soberano que goza do sufrágio universal e da igualdade de todos perante a lei e ao mesmo tempo como radicalmente excluído. Essa demonstração não é apenas a denúncia de uma inconsequência ou de uma mentira do universal. É também a encenação da contradição mesma da lógica policial e da lógica política que está no cerne da definição republicana de comunidade. A demonstração de Jeanne Deroin não é política no sentido em que diria que o lar e a domesticidade são também coisa "política". O lar e o espaço doméstico não são mais políticos em si mesmos que a rua, a fábrica ou a administração. Sua demonstração é política porque evidencia o extraordinário imbróglio que marca a relação republicana entre a parte das mulheres e a própria definição do comum da comunidade. A república é o regime fundado ao mesmo tempo numa declaração igualitária que não conhece diferença de sexos e na ideia de uma complementaridade das leis e dos costumes. Se-

---

[27] No original, o termo *part* está entre aspas; para não confundir com *partie* (aqui grafado sempre como "parte" com aspas), optou-se neste caso pelo uso do itálico na tradução. (N. da E.)

O dano: política e polícia

gundo essa complementaridade, a parte das mulheres é a dos costumes e da educação pelos quais se formam os espíritos e corações dos cidadãos. A mulher é mãe e educadora não somente dos futuros cidadãos que são seus filhos, mas também, e particularmente para a mulher pobre, de seu marido. O espaço doméstico é assim ao mesmo tempo o espaço privado, separado do espaço da cidadania, e o espaço compreendido na complementaridade das leis e dos costumes pelos quais se define a realização da cidadania. A aparição indevida de uma mulher na cena eleitoral transforma em modo de exposição de um dano, no sentido lógico, esse *topos* republicano das leis e dos costumes que envolve a lógica policial na definição do político. Construindo a universalidade singular, polêmica, de uma demonstração, ela faz o universal da república aparecer como universal particularizado, torcido em sua própria definição pela lógica policial das funções e das partes. Isso quer dizer, inversamente, que ela transforma em argumentos do *nos sumos, nos existimus* feminino todas essas funções, "privilégios" e capacidades que a lógica policial, assim politizada, atribui às mulheres mães, educadoras, curadoras e civilizadoras da classe dos cidadãos legisladores.

É assim que o relacionar duas coisas sem relação torna-se a medida do incomensurável entre duas ordens: a da distribuição desigualitária dos corpos sociais numa partilha do sensível e a da igual capacidade dos seres falantes em geral. Trata-se, de fato, de incomensuráveis. Mas esses incomensuráveis estão bem mensurados um em relação ao outro. E essa medida refigura as relações das partes e das "partes", os objetos suscetíveis de abrir lugar para o litígio, os sujeitos capazes de articulá-lo. Ela produz, ao mesmo tempo, inscrições novas da igualdade em liberdade e uma esfera de visibilidade nova para outras demonstrações. A política não é feita de relações de poder, é feita de relações entre mundos.

A RACIONALIDADE DO DESENTENDIMENTO

O incomensurável que funda a política não se identifica com nenhuma "irracionalidade". É antes a própria medida da relação entre um *logos* e a *alogia* que ele define — no duplo sentido da *alogia* que, no grego de Platão e de Aristóteles, significa duas coisas: a animalidade da criatura condenada apenas ao ruído do prazer e da dor, mas também a incomensurabilidade que separa a ordem geométrica do bem da simples aritmética das trocas e das reparações. Há, de fato, uma lógica da política. Mas essa lógica deve ser fundada na dualidade própria do *logos*, palavra e contagem da palavra, e deve ser referida à função específica dessa lógica: tornar manifesta (*deloun*) uma *aisthesis* que o apólogo ballanchiano nos mostrou ser o lugar de uma partilha, de uma comunidade e de uma separação. Perder de vista essa dupla especificidade do "diálogo" político é encerrar-se em falsas alternativas que exigem uma escolha entre as luzes da racionalidade comunicativa e as trevas da violência originária ou da diferença irredutível. A racionalidade política só é pensável de maneira precisa se for isolada da alternativa em que um certo racionalismo quer enclausurá-la: ou a troca entre parceiros que colocam em discussão seus interesses e normas, ou a violência do irracional.

Colocar uma alternativa como essa é, um pouco apressadamente, pressupor como certo aquilo que está em questão: a identificação da discussão distintiva da racionalidade política, e de sua *manifestação* do justo e do injusto, com uma certa situação do ato de palavra. Identifica-se assim a racionalidade do diálogo com a relação de locutores que se dirigem um ao outro, no modo gramatical da primeira e da segunda pessoa, para confrontar seus interesses e sistemas de valores e testar sua validade. Toma-se facilmente demais como certo que isso constitui uma descrição exata das formas do *logos* político racional; e que, por consequência, seja deste modo que a justiça abre seu caminho nas relações sociais: pelo encontro de parceiros que, num mesmo movimento, entendem um enunciado, compreendem o ato que o fez enunciar e tomam a seu cargo a relação intersubjetiva que sustenta essa compreensão. Assim, a pragmática da linguagem em geral (as condições necessárias para que um enunciado faça sentido e tenha efeito para quem o emite) forneceria o *telos* da troca razoável e justa. Será que é assim que o *logos* circula nas relações sociais e nelas se efetua — nessa identidade da compreensão e da intercompreensão? Pode-se responder, é claro, que tal identificação é uma antecipação, que ela deve antecipar uma situação ideal, ainda não dada, da interlocução. Concedamos que uma ilocução bem-sucedida sempre antecipa uma situação de palavra que ainda não é dada. Mas disto não se segue, de forma alguma, que o vetor dessa antecipação seja a identidade entre compreender e compreender. É, ao contrário, a distância entre duas acepções de "compreender" que institui a racionalidade da interlocução política e funda o tipo de "sucesso" que lhe é próprio: não o acordo dos parceiros sobre a melhor repartição das partes, mas a melhor manifestação da partilha. O uso corrente basta para nos instruir sobre um fato de linguagem singular: as expressões que contêm o verbo "compreender" contam entre as expressões que devem mais frequentemente ser interpretadas de maneira não literal, e mesmo, o mais das vezes, ser entendidas estritamente como antífrases. No uso social comum, uma expressão como "Vocês compreenderam?" é uma falsa interrogação cujo conteúdo afirmativo é o seguinte: "Não há nada para vocês compreenderem, vocês não precisam compreender", e mesmo, eventualmente: "Vocês não têm condições de compreender. Vocês só têm que obedecer". Assim, "Vocês compreenderam?" é uma expressão que nos diz exatamente que "compreender" quer dizer duas coisas diferentes, senão opostas: compreender um problema e compreender uma ordem. Na lógica pragmática, o locutor é obrigado, para o sucesso de sua própria performance, a submetê-la a condições de validade que dependem da intercompreensão. Caso contrário, cai na "contradição performativa", que arruína a força de seu enunciado. Ora, "Vocês compreenderam?" é um performativo que zomba da "contradição performativa", porque sua performance própria, sua maneira de se fazer compreender, é traçar a linha de demarcação entre dois sentidos da mesma palavra e duas categorias de seres falantes. Esse performativo dá a entender àqueles a quem se dirige que existem pessoas que compreendem os problemas e pessoas que devem compreender as ordens que as primeiras lhes dão. É um designador da partilha do sensível que opera, sem precisar conceitualizá-la, a distinção aristotélica entre aqueles que têm unicamente a *aisthesis* do *logos* e aqueles que têm a *hexis*.[28]

Dizer isso não é invocar a fatalidade de uma lei do poder que viria sempre, antecipadamente, imprimir seu selo sobre a língua da comunicação e marcar com sua violência toda racionalidade argumentativa. É dizer apenas que essa racionalidade política da argumentação nunca pode ser a mera explicitação do que *falar* quer dizer. Submeter os enunciados às condições de sua validade é colocar em litígio o modo como cada uma das "partes" participa do *logos*. Uma situação de argumentação política deve sempre ser conquistada a partir da partilha preexistente e constantemente reencenada de uma língua dos problemas e uma língua das ordens. O embuste do "Vocês compreenderam?" não é a noite do poder em que as capacidades da argumentação naufragariam — e, particularmente, as da argumentação do direito. Mas ela obriga a tornar a cena mais complexa. Assim, a resposta ao "Vocês compreenderam?" vai necessariamente se multiplicar. O destinatário dessa ilocução vai responder refletindo, em vários níveis, o enunciado e seu duplo sentido. Vai responder, num primeiro nível: "Nós o compreendemos, já que compreendemos". O que quer dizer: "Já que compreendemos suas ordens, compartilhamos com você o mesmo poder de compreender". Mas, num segundo grau, essa tautologia se complica exatamente por colocar em evidência — colocar num comum litigioso — a distância pressuposta pela pergunta: a distância entre a língua das ordens e a língua dos problemas, que é também a distância interna do *logos*: a que separa a compreensão

---

[28] Cf. Aristóteles, *Política*, I, 1254 b 22, comentado acima [ver p. 32].

A racionalidade do desentendimento

de um enunciado e a compreensão da contagem da palavra de cada pessoa que ela implica. A resposta vai então complicar-se dessa forma: "Compreendemos o que você diz quando diz 'vocês compreenderam?'. Compreendemos que, quando diz 'vocês compreenderam', você diz na verdade: 'vocês não precisam me compreender, vocês não têm como me compreender etc.'".

Mas essa compreensão de segundo grau pode ela mesma ser compreendida e universalizada de duas maneiras contrárias, dependendo da maneira como ela articula a comunidade e a não-comunidade implicadas pela distância entre a capacidade falante e o cômputo dessa fala. A primeira maneira coloca esse cômputo em posição de interpretante último do sentido do enunciado. Ela se resumirá, portanto, assim: "Nós compreendemos que você utiliza o meio da comunicação para nos impor sua linguagem. Compreendemos que você mente ao colocar como língua comum a língua de suas ordens. Compreendemos, em suma, que todo universal da língua e da comunicação é apenas um logro, que há tão somente idiomas de poder e que devemos, nós também, forjar o nosso". A segunda maneira raciocinará de forma inversa, fazendo da comunidade (de capacidade) a razão última da não-comunidade (da contagem): "Compreendemos que vocês querem declarar a nós que existem duas línguas e que não podemos compreender vocês. Percebemos que vocês fazem isso para partilhar o mundo entre os que mandam e os que obedecem. Dizemos, ao contrário, que há uma única linguagem que nos é comum e que consequentemente nós compreendemos vocês mesmo que vocês não o queiram. Enfim, compreendemos que vocês mentem ao negar que existe uma linguagem comum".

A resposta à falsa pergunta "Vocês compreenderam?" implica, portanto, a constituição de uma cena de fala específica em que se trata de construir uma outra relação, ao explicitar a posição do enunciador. O enunciado assim completado vê-se então extraído da situação de fala em que funcionava de maneira natural. É colocado numa outra situação em que não funciona mais, em que é objeto de exame, entregue ao estatuto de enunciado de uma língua comum. É nesse espaço do comentário que objetiva e universaliza o enunciado "funcional" que as pretensões de validade desse enun-

60   O desentendimento

ciado são radicalmente postas à prova. Na instituição do comum litigioso próprio da política, o *cum* do *comentário* que objetiva o afastamento do *logos* de si mesmo, no afastamento polêmico de uma primeira e de uma terceira pessoas, não se separa realmente daquele da *comunicação* entre uma primeira e uma segunda pessoa. Sem dúvida é a desconfiança em relação a essa redução das pessoas que contraria os esforços feitos por Jürgen Habermas para distinguir a racionalidade argumentativa criadora de comunidade e a simples discussão e composição dos interesses particulares. Em *O discurso filosófico da modernidade*, ele censura aqueles a quem combate por tomarem na cena argumentativa e comunicacional o ponto de vista do observador, da terceira pessoa, que congela a racionalidade comunicativa, cujo trabalho se opera no jogo de uma primeira pessoa empenhada em assumir o ponto de vista da segunda pessoa.[29] Mas tal oposição bloqueia a racionalidade argumentativa da discussão política na mesma situação de fala que quer ultrapassar: a simples racionalidade do diálogo dos interesses. Desconhecendo essa multiplicação das pessoas que se liga à multiplicação do *logos* político, ela esquece também que a terceira pessoa é tanto uma pessoa de interlocução direta e indireta quanto uma pessoa de observação e de objetivação. Ela esquece que é comum falar com os parceiros na terceira pessoa, não só nas fórmulas de tratamento de várias línguas, mas em toda parte onde se trata de pôr a relação entre os interlocutores como o próprio cerne da situação de interlocução. Nosso teatro resume esse jogo em alguns diálogos exemplares, como o do cozinheiro/cocheiro de Harpagon e seu intendente:

"— Mestre Jacques está se fazendo de inteligente!
— O senhor intendente faz-se de necessário!"[30]

---

[29] "Sob o olhar da terceira pessoa, esteja esse olhar voltado para o exterior ou para o interior, tudo se congela em objeto", J. Habermas, *Le discours philosophique de la modernité*, Paris, Gallimard, 1988, p. 352 [ed. bras.: *O discurso filosófico da modernidade*, São Paulo, Martins Fontes, 2002].

[30] No original: "— Maître Jacques fait bien le raisonnable!/ — Mon-

Esses conflitos de teatro que são conflitos de domesticidade mostram bem o vínculo entre a "terceira pessoa de tratamento" e essa terceira pessoa de identificação que institucionaliza o conflito social, a do representante operário que declara: "Os trabalhadores não aceitarão etc.". Deixa-se de captar a lógica do jogo de pessoas aqui implicada se reportamos essa terceira pessoa enunciada por uma primeira pessoa seja ao processo natural — processo "animal" — da *aisthesis* de um corpo coletivo que ganha voz, seja ao engano de uma identificação com um corpo coletivo impossível ou ausente. Os jogos da terceira pessoa são essenciais para a lógica da discussão política, que, precisamente, não é nunca um simples diálogo. É sempre menos e mais. É menos porque é sempre sob a forma de monólogo que o litígio, o afastamento do *logos* de si mesmo, se declara. É mais porque o comentário institui uma multiplicação das pessoas. Nesse jogo, o "eles" exerce uma tripla função. Primeiro, designa o outro como aquele com o qual está em debate não somente um conflito de interesses como também a própria situação dos interlocutores como seres falantes. Segundo, dirige-se a uma terceira pessoa junto à qual ele coloca virtualmente essa questão. Terceiro, institui a primeira pessoa, o "eu" ou o "nós" do interlocutor como representante de uma comunidade. É o conjunto desses jogos que em política quer dizer "opinião pública". Uma opinião pública *política* — distinta da gestão policial dos processos estatais de legitimação — não é, antes de mais nada, uma rede de espíritos esclarecidos discutindo problemas comuns. É, de fato, uma opinião erudita de tipo particular: uma opinião que julga a própria maneira como as pessoas se falam e como a ordem social está ligada ao fato de falar e à sua interpretação. Por aí, pode-se compreender o laço histórico entre a sorte de alguns criados de comédia e a formação da própria ideia de opinião pública.

No âmago de toda argumentação e de todo litígio argumentativo políticos, há uma querela primeira que incide sobre aquilo que é implicado pelo entendimento da linguagem. Certamente, toda interlocução supõe uma compreensão de um conteúdo da ilo-

---

sieur l'intendant fait bien le nécessaire!", falas da peça *O avarento* (1668), de Molière. (N. da T.)

cução. Mas que essa compreensão pressuponha um *telos* da inter-compreensão, eis a questão litigiosa. Por "questão litigiosa" se quer dizer duas coisas. Primeiramente, há aí uma pressuposição que ainda temos de provar. Mas também é precisamente este o litígio primeiro que está em jogo por trás de todo litígio argumentativo particular. Toda situação de interlocução e de argumentação está fragmentada, de saída, pela questão litigiosa — irresolvida e conflituosa — de saber o que se deduz do entendimento de uma linguagem.

Desse entendimento, com efeito, pode-se deduzir alguma coisa ou então nada. Do fato de uma ordem ser compreendida por um inferior pode-se deduzir simplesmente que essa ordem foi bem dada, que quem ordena teve pleno sucesso no seu trabalho e, consequentemente, quem recebe a ordem executará bem o seu trabalho, o qual é um prolongamento daquele, de acordo com a partilha entre a simples *aisthesis* e a plenitude da *hexis*. Mas também se pode deduzir uma consequência totalmente subversiva: se o inferior compreendeu a ordem do superior, é que ele participa da mesma comunidade dos seres falantes, que é, nisso, seu igual. Deduz--se daí, em suma, que a desigualdade dos níveis sociais só funciona por causa da própria igualdade dos seres falantes.

Essa dedução é, no sentido próprio do termo, subversiva. Quando nos lembramos de fazê-la, já havia muito tempo que as sociedades giravam. E elas giram em torno da ideia de que o entendimento da linguagem não tem consequências para a definição da ordem social. Com suas funções e suas ordens, suas repartições de partes e das "partes", as sociedades giram com base na ideia que parece confirmada pela lógica mais simples, a saber, de que a desigualdade existe em razão da desigualdade. A consequência disso é que a lógica do entendimento "normalmente" só se apresenta sob a forma do paradoxo subversivo e do conflito interminável. Dizer que há uma cena comum de fala *porque* o inferior entende o que diz o superior só é possível mediante a instituição de uma discórdia, de um enfrentamento de princípio entre dois campos: há os que pensam que existe entendimento no entendimento, isto é, que todos os seres falantes são iguais enquanto seres falantes. E há os que não pensam assim. Mas o paradoxo reside no seguinte:

A racionalidade do desentendimento

os que pensam que existe entendimento no entendimento não podem, precisamente, fazer valer essa dedução a não ser sob a forma do conflito, do desentendimento, já que devem fazer ver uma consequência que nada deixa ver. Por esse fato, a cena política, a cena de comunidade paradoxal que põe em comum o litígio, não poderia identificar-se com um modelo de comunicação entre parceiros constituídos sobre objetos ou fins pertencentes a uma linguagem comum. Isso não implica remetê-la a uma incomunicabilidade das linguagens, a uma impossibilidade de entendimento ligada à heterogeneidade dos jogos de linguagem. A interlocução política sempre misturou os jogos de linguagem e os regimes de frases e sempre singularizou o universal em sequências demonstrativas feitas do encontro dos heterogêneos. Com jogos de linguagem e regimes de frases heterogêneos, sempre se construíram intrigas e argumentações compreensíveis. Porque o problema não é se entenderem pessoas que falam, no sentido próprio ou figurado, "línguas diferentes", nem remediar "panes da linguagem" pela invenção de linguagens novas. O problema está em saber se os sujeitos que se fazem contar na interlocução "são" ou "não são", se falam ou produzem ruído. Está em saber se cabe ver o objeto que eles designam como o objeto visível do conflito. Está em saber se a linguagem comum na qual expõem o dano é, realmente, uma linguagem comum. A querela não tem por objeto os conteúdos de linguagem mais ou menos transparentes ou opacos. Incide sobre a consideração dos seres falantes como tais. É por isso que não se trata de opor uma era moderna do litígio, ligada à grande narrativa de ontem e à dramaturgia da vítima universal, a uma era moderna do diferendo, ligada ao esfacelamento contemporâneo dos jogos de linguagem e das pequenas narrativas.[31] A heterogeneidade dos jogos de linguagem não é um destino das sociedades atuais que viria suspender a grande narrativa da política. Ela é, pelo contrário, constitutiva da política, é o que distingue a política da igual troca jurídica e comercial de um lado, da alteridade religiosa ou guerreira de outro.

Tal é o sentido da cena no monte Aventino. Essa cena excepcional não é apenas uma "narrativa de origem". Essa "origem"

---

[31] Cf. Jean-François Lyotard, *Le différend*, Paris, Minuit, 1983.

não para de se repetir. A narrativa de Ballanche apresenta-se sob a forma singular de uma profecia retrospectiva: um momento da história romana é reinterpretado de maneira a transformá-lo em profecia do destino histórico dos povos em geral. Mas essa profecia retrospectiva é também uma antecipação do futuro imediato. O texto de Ballanche aparece na *Revue de Paris* entre a primavera e o outono de 1830. Entre essas duas datas estoura a revolução parisiense de julho, que para muitos parece a demonstração *hic et nunc* dessa "fórmula geral de todos os povos" de que falava Ballanche. E essa revolução é seguida por toda uma série de movimentos sociais que assumem exatamente a mesma forma de sua narrativa. O nome dos atores, do cenário e dos acessórios pode mudar. Mas a fórmula é a mesma. Ela consiste em criar, em torno de todo conflito singular, uma cena onde se põe em jogo a igualdade ou desigualdade dos parceiros do conflito enquanto seres falantes. Sem dúvida, na época em que Ballanche escreve seu apólogo, ninguém mais diz que os equivalentes dos plebeus antigos, os proletários modernos, *não são* seres falantes. Simplesmente, pressupõe-se que o fato de falarem não tem relação com o fato de trabalharem. Não se precisa explicitar a não-consequência, basta que não se veja a consequência. Os que fazem funcionar a ordem existente, como patrões, magistrados ou governantes, não veem a consequência que leva de um termo ao outro. Não veem o meio termo entre duas identidades que poderia reunir o ser falante, que com-partilha uma linguagem comum, e o operário que exerce uma profissão determinada, é empregado numa fábrica ou trabalha para um fabricante. Eles não veem, consequentemente, como a parte recebida por um operário sob o nome de salário poderia tornar-se uma questão da comunidade, objeto de uma discussão pública.

A querela tem por objeto, portanto, sempre a questão pré-judicial: há espaço para que o mundo comum de uma interlocução sobre esse assunto seja constituído? O desentendimento que se instala nos anos que se seguem ao apólogo de Ballanche, esse desentendimento que se chamará movimento social ou movimento operário, consistiu em dizer que esse mundo comum existia; que a qualidade comum ao ser falante em geral e ao operário empregado em tal função determinada existia; e que essa qualidade comum

A racionalidade do desentendimento 65

era também comum aos operários e a seus empregadores, que era a sua pertença a uma mesma esfera de comunidade já reconhecida, já escrita, mesmo que fosse em inscrições ideais e fugazes: a da declaração revolucionária da igualdade, em direito, dos homens e dos cidadãos. O desentendimento destinado a pôr em ato o entendimento consistiu no seguinte: afirmar que a inscrição da igualdade sob a forma de "igualdade dos homens e dos cidadãos" perante a lei definia uma esfera de comunidade e publicidade que incluía os "assuntos" do trabalho e determinava o espaço de seu exercício como dependente da discussão pública entre sujeitos específicos.

Ora, essa afirmação implica uma cena de argumentação muito singular. O sujeito operário que nela se deixa contar como interlocutor deve fazer *como se* a cena existisse, como se houvesse um mundo comum de argumentação, o que é eminentemente razoável *e* eminentemente desarrazoado, eminentemente comportado e eminentemente subversivo, já que esse mundo não existe. As greves desse tempo tiram da exasperação desse paradoxo sua estrutura discursiva singular: aplicam-se a mostrar que é realmente enquanto seres falantes dotados de razão que os operários fazem greve, que o ato que os faz parar juntos o trabalho não é um *ruído*, uma reação violenta a uma situação penosa, mas que exprime um *logos*, o qual não é apenas o estado de uma relação de forças mas constitui uma *demonstração* de seu direito, uma *manifestação* do justo que pode ser compreendido pela outra parte.

Os manifestos operários desse tempo apresentam assim uma notável estruturação discursiva, cujo primeiro elemento pode ser assim esquematizado: "Eis nossos argumentos. Vocês podem, ou, melhor, 'eles' podem reconhecê-los. Qualquer um pode reconhecê-los": demonstração dirigida ao mesmo tempo ao "eles" da opinião pública e ao "eles" que é assim designado. É claro, esse reconhecimento não ocorre, porque o que ele mesmo pressupõe não é reconhecido, a saber, que há um mundo comum sob a forma de um espaço público em que dois grupos de seres falantes, os chefes e os operários, trocariam seus argumentos. Ora, o mundo do trabalho é supostamente um universo privado em que um indivíduo propõe condições a *n* indivíduos que as aceitam ou recusam, cada um por sua conta. Os argumentos, por conseguinte, não podem mais ser recebidos, já que são dirigidos por sujeitos que não existem a sujeitos que tampouco existem, a propósito de um objeto comum igualmente inexistente. Então o que há é apenas uma revolta, um ruído de corpos irritados — basta esperar que pare ou pedir às autoridades que o façam parar.

A estruturação discursiva do conflito enriquece-se então de um segundo elemento, de um segundo momento que se enuncia assim: "Temos razão de argumentar em favor de nossos direitos e de colocar, assim, a existência de um mundo comum de argumentação. E temos razão de fazê-lo, exatamente porque os que deveriam reconhecê-lo não o fazem, pois agem como pessoas que ignoram a existência desse mundo comum". É nesse segundo momento da estrutura argumentativa que a função objetivante do comentário desempenha um papel essencial. Os manifestos operários da época comentam a palavra dos chefes que só se exerce para chamar a repressão dos poderes públicos, a palavra dos magistrados que condenam e a dos jornalistas que discorrem, para demonstrar que seus propósitos vão ao encontro da *evidência* de um mundo comum da razão e da argumentação. Demonstram assim que as falas dos chefes ou dos magistrados, que negam aos operários o direito de greve, são uma confirmação desse direito, *já que* tais falas implicam uma não-comunidade, uma desigualdade que é impossível, contraditória. Se a "contradição performativa" pode intervir aqui, é no cerne dessa cena argumentativa que deve antes de mais nada ignorar para assim evidenciar sua ignorância.

Vejamos, então, uma situação de desentendimento desse tipo, transpondo para um conflito operário a cena ballanchiana. A argumentação situa primeiramente, para uso da terceira pessoa da opinião pública, a cena do desentendimento, ou seja, a própria qualificação da relação entre as partes: ruído da revolta ou palavra que expõe o dano.

> "Esses senhores nos tratam com desprezo. Pedem
> ao poder que nos persiga; ousam nos acusar de *revolta*.
> Mas seríamos nós seus escravos? Revolta! quando pedimos o aumento de nossa paga, quando nos associamos
> para abolir a exploração de que somos vítimas, para re-

A racionalidade do desentendimento

duzir as agruras de nossa condição! Na verdade, há impudor nessa palavra. Ela, por si só, justifica a determinação que tomamos."[32]

O tom da carta dos chefes, que qualifica a manifestação grevista como revolta, justifica essa manifestação, já que mostra que os chefes não falam daqueles que empregam como seres falantes unidos a eles pelo entendimento da mesma linguagem, mas como animais barulhentos ou escravos capazes apenas de compreender ordens, já que mostra assim que o não levar em conta implicado em sua maneira de falar é um não-direito. Estando então armada a cena do desentendimento, torna-se possível argumentar *como se* essa discussão entre parceiros, que é recusada pela outra parte, realmente ocorresse. Em suma, é possível estabelecer, por raciocínio e cálculo, a validade das reivindicações operárias. Uma vez estabelecida essa demonstração do "direito" dos grevistas, é possível acrescentar-lhe uma segunda, extraída precisamente da recusa de levar em conta esse direito, de acolhê-lo como uma palavra que conta.

> "Será que ainda é preciso uma prova de nosso direito? Vejam o tom da carta desses senhores [...] É em vão que terminam falando em moderação: já os compreendemos."[33]

Esse "já os compreendemos" resume bem o que é compreender, numa estrutura política de desentendimento. Essa compreensão implica uma estrutura de interlocução complexa que reconstitui, duas vezes, uma cena de comunidade duas vezes negada. Mas essa cena de comunidade só existe na relação de um "nós" com um "eles". E essa relação é também de fato uma não-relação. Ela inclui por duas vezes na situação de argumentação aquele que lhe recusa a existência — e que é justificado, pela ordem existente das

---

[32] "Réponse au manifeste des maîtres tailleurs", *La Tribune Politique et Littéraire*, 7 de novembro de 1833 (sublinhado no texto).

[33] "Réponse au manifeste [...]", *op. cit.*

coisas, em recusar sua existência. Ela o inclui uma primeira vez, sob a suposição de que está de fato compreendido na situação, de que é capaz de entender o argumento (e que, aliás, o entende, já que não encontra nada para lhe responder). Ela o inclui ali como a segunda pessoa implícita de um diálogo. E ela o inclui uma segunda vez na demonstração do fato de que ele se subtrai a essa situação, de que não quer entender o argumento, operar as nomeações e as descrições adequadas a uma cena de discussão entre seres falantes.

Em toda discussão social em que há efetivamente algo a discutir é essa a estrutura que está implícita, essa estrutura na qual o lugar, o objeto e os sujeitos da discussão estão, eles próprios, em litígio e têm primeiro de ser provados. Antes de qualquer confronto de interesses e de valores, antes de submeter qualquer afirmação a solicitações de validade entre parceiros constituídos, há o litígio em torno do objeto do litígio, o litígio em torno da existência do litígio e das partes que nele se enfrentam. Pois a ideia de que os seres falantes são iguais por sua capacidade comum de falar é uma ideia razoável/desarrazoada, desarrazoada em relação à maneira como se estruturam as sociedades, desde as antigas realezas sagradas até as modernas sociedades de peritos. A afirmação de um mundo comum efetua-se assim numa encenação paradoxal que coloca juntas a comunidade e a não-comunidade. E uma tal conjunção remete sempre ao paradoxo e ao escândalo que perturba as situações legítimas de comunicação, as partilhas legítimas dos mundos e das linguagens, e redistribui a maneira como os corpos falantes estão distribuídos numa articulação entre a ordem do dizer, a ordem do fazer e a ordem do ser. A *demonstração* do direito ou *manifestação* do justo é refiguração da partilha do sensível. Nos termos de Jürgen Habermas, essa demonstração é indissoluvelmente um agir comunicacional que põe em jogo as pretensões de validade de certos enunciados e um agir estratégico que desloca a relação de forças, determinando a admissibilidade dos enunciados como argumentos sobre uma cena comum. É que essa comunicação escapa também às distinções que fundam as regras supostas "normais" da discussão. Jürgen Habermas insiste, em *O discurso filosófico da modernidade*, na tensão entre dois tipos de atos de linguagem: linguagens "poéticas" de abertura para o mundo e formas intramundanas de argumentação e validação. Ele reprova àqueles que critica o fato de desconhecerem essa tensão e a necessidade de as linguagens estéticas que se abrem para o mundo também se legitimarem no interior das regras da atividade comunicacional.[34] Mas precisamente a *demonstração* própria da política é sempre, a um só tempo, argumentação e abertura de um mundo no qual a argumentação pode ser recebida e ter efeito, argumentação sobre a própria existência desse mundo. E é aí que se faz presente a questão do universal, antes de estar presente nas questões da possível ou impossível universalização dos interesses e de como as formas de argumentação podem ser validadas numa situação supostamente normal. A primeira solicitação de universalidade é a da pertença universal dos seres falantes à comunidade da linguagem. E ele se processa sempre em situações "anormais" de comunicação, em situações que instauram casos. Essas situações polêmicas são aquelas em que um dos parceiros da interlocução se recusa a reconhecer um de seus elementos (seu lugar, seu objeto, seus sujeitos...). Nelas, o universal sempre está em jogo de maneira singular, sob a forma de casos em que sua existência e sua pertença estão em litígio. Ele sempre está em jogo de maneira local e polêmica, ao mesmo tempo como aquilo que obriga e como aquilo que não obriga. É preciso, antes de mais nada, reconhecer e fazer reconhecer que uma situação apresenta um caso de universalidade obrigatória. E esse reconhecimento não autoriza a separar uma ordem racional da argumentação e uma ordem poética, senão irracional, do comentário e da metáfora. Ele é produzido por atos de linguagem que são, a um só tempo, argumentações racionais e metáforas "poéticas".

De fato, deve-se dizer, parafraseando Platão, "sem com isso se assustar": as formas de interlocução social que fazem efeito são, a um só tempo, argumentações numa situação e metáforas dessa situação. O fato de a argumentação ter comunidade com a metá-

---

[34] J. Habermas, *Le discours philosophique de la modernité*, op. *cit.*, p. 241 e seguintes (essas páginas tratam particularmente da crítica à desconstrução de Derrida).

fora e a metáfora com a argumentação, isso em si não acarreta nenhuma das consequências catastróficas por vezes descritas. Essa comunidade não é uma descoberta da modernidade exaurida que denunciaria a universalidade do debate e do conflito sociais como sendo um artefato produzido por uma grande narrativa. A argumentação que encadeia duas ideias e a metáfora que faz ver uma coisa numa outra sempre tiveram comunidade. Simplesmente, essa comunidade é mais ou menos forte em função dos campos de racionalidade e as situações de interlocução. Há campos em que ela pode reduzir-se até a extenuação. São os campos em que a pressuposição do entendimento não é problemática, em que se pressupõe que ou todos se entendem ou podem entender-se sobre o que dizem, ou que isso não tem importância nenhuma. O primeiro caso é o das linguagens simbólicas que não remetem a nada de exterior a elas mesmas, o segundo é o da tagarelice que pode remeter livremente a qualquer coisa. Há campos, em contrapartida, em que essa comunidade atinge o seu máximo. São aqueles onde a pressuposição do entendimento está em litígio, em que é preciso produzir ao mesmo tempo a argumentação e a cena em que ela deve ser entendida, o objeto da discussão e o mundo em que figura como objeto.

A interlocução política é, por excelência, um tal campo. No que se refere ao próprio nó do *logos* e de sua *consideração* com a *aisthesis* — a partilha do sensível —, sua lógica da *demonstração* é indissoluvelmente uma estética da *manifestação*. Não é de ontem que a política vem sofrendo a infelicidade de ser estetizada ou espetacularizada. A configuração estética na qual se inscreve a palavra do ser falante sempre constituiu o próprio cerne do litígio que a política vem inscrever na ordem policial. Isso mostra o quanto é falso identificar a "estética" ao campo da "autorreferencialidade" que faria descarrilhar a lógica da interlocução. A "estética" é, ao contrário, o que coloca em comunicação regimes separados de expressão. O que é verdade, em contrapartida, é que a história moderna das formas da política está ligada às mutações que fizeram a *estética* aparecer como partilha do sensível e discurso sobre o sensível. O aparecimento moderno da estética como discurso autônomo que determina um recorte autônomo do sensível é o apa-

A racionalidade do desentendimento   71

recimento de uma apreciação do sensível que se separa de todo julgamento sobre seu uso e define assim um mundo de comunidade virtual — de comunidade exigida — sobreimpresso sobre o mundo das ordens e das partes que dá a cada coisa seu uso. Que um palácio possa ser o objeto de uma apreciação que não incide nem sobre a comodidade de uma moradia nem sobre os privilégios de uma função ou os emblemas de uma majestade, eis o que para Kant singulariza a comunidade estética e a exigência de universalidade que lhe é própria.[35] A estética assim autonomizada é, em primeiro lugar, a emancipação das normas da representação, em segundo lugar, a constituição de um tipo de comunidade do sensível que funciona sob o modo da presunção, do *como se* que inclui aqueles que não estão incluídos, ao fazer ver um modo de existência do sensível subtraído à repartição das "partes" e das partes.

Não houve, então, "estetização" da política na era moderna, porque a política é estética em seu princípio. Mas a autonomização da estética como um novo nó entre a ordem do *logos* e a partilha do sensível faz parte da configuração moderna da política. A política da Antiguidade se armava com base em noções indistintas como essa *doxa*, essa *aparência* que instituía o povo em posição de sujeito *decisor* da comunidade. A política moderna se arma antes de tudo na noção distinta de uma comunidade sensível virtual ou exigível, para além da distribuição das ordens e das funções. A política da Antiguidade prendia-se ao conceito único do *demos* e de suas propriedades impróprias, abrindo o espaço público como espaço do litígio. A política moderna exige a multiplicação dessas operações de subjetivação que inventam mundos de comunidade, que são mundos de dissentimento, exige esses dispositivos de demonstração que são, a cada vez e a um só tempo, argumentações e aberturas de mundo, abertura de mundos comuns — o que não quer dizer consensuais —, de mundos nos quais o sujeito que argumenta é sempre contado como argumentador. Esse sujeito é sempre um *um-a-mais*. O sujeito que escreve em nosso manifesto "Nós os compreendemos já" não é a coleção dos operários, não é um

---

[35] Kant, *Critique de la faculté de juger* [*Crítica da faculdade do juízo*], Paris, Vrin, 1979, p. 50.

corpo coletivo. É um sujeito excedente, que se define no conjunto das operações que *demonstram* essa compreensão *manifestando* sua estrutura de distância, de afastamento, sua estrutura de relação entre o comum e o não-comum. A política moderna existe pela multiplicação dos mundos comuns/litigiosos passíveis de ser extraídos da superfície das atividades e das ordens sociais. Existe pelos sujeitos que essa multiplicação autoriza, sujeitos cuja conta é sempre extranumerária. A política da Antiguidade prendia-se ao único erro de conta desse *demos* que é "parte" e todo, e dessa liberdade que pertence só a ele ao mesmo tempo que pertence a todos. A política moderna prende-se ao desdobramento de dispositivos de subjetivação do litígio que ligam o cômputo dos incontados ao afastamento de si de todo sujeito apropriado para enunciá-lo. Não é só que os cidadãos, os trabalhadores e as mulheres designados numa sequência do tipo "nós, cidadãos", "nós, trabalhadores" ou "nós, mulheres" não se identifiquem com nenhuma coleção, com nenhum grupo social. É também que a relação do "nós", do sujeito de enunciação que abre a sequência, com o sujeito do enunciado cuja identidade é declinada (cidadãos, trabalhadores, mulheres, proletários) se define apenas pelo conjunto das relações e das operações da sequência demonstrativa. Nem o *nós* nem a identidade que lhe é atribuída, nem a aposição dos dois definem um sujeito. Só há sujeitos, ou, melhor, modos de subjetivação políticos, no conjunto de relações que o *nós* e seu *nome* mantêm com o conjunto das "pessoas", o jogo completo das identidades e das alteridades implicadas na demonstração, e dos mundos, comuns ou separados, em que se definem.

Sem dúvida, a demonstração opera mais claramente quando os nomes de sujeitos são distintos de todo grupo social identificável como tal. Quando os dissidentes do Leste Europeu adotaram para si o termo de "hooligans" com que os dirigentes desses regimes os estigmatizavam, quando os manifestantes parisienses de 1968 afirmaram, contra qualquer evidência policial, "Somos todos judeus alemães", estavam colocando em plena luz a distância entre a subjetivação política — definida no nexo de uma enunciação lógica e de uma manifestação estética — e toda identificação. O dialogismo da política tem muito da heterologia literária, de seus enunciados subtraídos de seus autores e devolvidos a eles, de seus jogos da primeira e da terceira pessoa — tem muito mais disso que da situação, supostamente ideal, do diálogo entre uma primeira e uma segunda pessoa. A invenção política opera em atos que são ao mesmo tempo argumentativos e poéticos, golpes de força que abrem e reabrem tantas vezes quantas for necessário os mundos nos quais esses atos de comunidade são atos de comunidade. Eis por que o "poético" não se opõe ao argumentativo. É também por isso que a criação dos mundos estéticos litigiosos não é a simples invenção de linguagens aptas a reformular problemas intratáveis nas linguagens existentes. Em *Contingência, ironia e solidariedade*, Richard Rorty distingue as situações comuns de comunicação em que se entende praticamente tudo o que se discute e as situações excepcionais em que os motivos e os termos do debate estão, eles mesmos, em questão.[36] Estes últimos definiriam momentos poéticos em que criadores formam novas linguagens que permitem a redescrição da experiência comum, inventam metáforas novas, chamadas mais tarde a integrar o campo das ferramentas linguísticas comuns e da racionalidade consensual. Assim, segundo Richard Rorty, se daria a elaboração de um acordo entre a metaforização poética e a consensualidade liberal: consensualidade não exclusiva, porque é a sedimentação de velhas metáforas e de velhas intervenções da ironia poética. Mas não é apenas em momentos de exceção e pela ação de especialistas da ironia que o consenso exclusivo se desfaz. Ele se desfaz tantas vezes quanto se abrem mundos singulares de comunidade, mundos de desentendimento e de dissensão. Há política se a comunidade da capacidade argumentativa e da capacidade metafórica for, a qualquer hora e pela ação de qualquer um, suscetível de ocorrer.

---

[36] Richard Rorty, *Contingence, ironie et solidarité*, Paris, Armand Colin, 1992 [ed. bras.: *Contingência, ironia e solidariedade*, São Paulo, Martins Fontes, 2007].

DA ARQUIPOLÍTICA À METAPOLÍTICA

Agora é possível determinar a relação da filosofia com a política implícita no termo "filosofia política". Este não designa nenhum gênero, nenhum território ou especificação da filosofia. Tampouco designa a reflexão da política sobre sua racionalidade imanente. É o nome de um encontro — e de um encontro polêmico — no qual se expõe o paradoxo ou o escândalo da política: sua ausência de fundamento próprio. A política só existe mediante a efetuação da igualdade de qualquer pessoa com qualquer pessoa na liberdade vazia de uma "parte" da comunidade que desregula todo e qualquer cômputo das "partes". A igualdade, que é a condição não-política da política, não se apresenta ali enquanto tal. Só aparece sob a figura do dano. A política assim está sempre torcida pela refração da igualdade em liberdade. Ela nunca é pura, fundada numa essência própria da comunidade e da lei. Só existe quando a comunidade e a lei mudam de estatuto pela adjunção da igualdade à lei (a *isonomia* ateniense, que não é apenas o fato de que a lei é "igual para todos", mas de que o sentido de lei da lei é o de representar a igualdade) e pelo aparecimento de uma "parte" idêntica ao todo.

A "filosofia política" começa pela exibição desse escândalo. E essa exposição se dá sob o signo de uma ideia apresentada como alternativa a esse estado infundado da política. É a palavra de ordem pela qual Sócrates exprime sua diferença com relação aos homens da cidade democrática: fazer realmente política, fazer política de verdade, fazer política como efetuação da essência própria da política. Essa palavra de ordem supõe uma certa constatação e um certo diagnóstico: a constatação de uma factualidade sempre antecedente da política em relação a qualquer princípio da comunidade. É primeiramente em relação à política que a filosofia, desde o início, "chega tarde demais". Só que esse "atraso" é pensado por ela como o dano da democracia. Sob a forma da democracia, a política já está presente, sem esperar seu princípio ou sua *arkhé*, sem esperar pelo bom começo que a fará nascer como efetuação de seu próprio princípio. O *demos* já está presente com seus três atributos: a constituição de uma esfera de aparência para o nome do povo; a contagem desigual desse povo que é todo e "parte" a um só tempo; a exibição paradoxal do litígio por uma parte da comunidade que se identifica com seu todo em nome do dano mesmo que a outra parte lhe causa. Essa constatação de antecedência, a "filosofia política" transforma-a em diagnóstico de vício constitutivo. A antecedência da democracia torna-se sua pura factualidade ou facticidade, sua regulação pela única regra (a única desregulação) da circulação empírica dos bens e dos males, dos prazeres e das dores; pela única igualdade (a única desigualdade) — do mais e do menos. Quanto à justiça, a democracia não faz mais que apresentar a dramaturgia do litígio. Apresentando uma justiça travada nas formas do litígio e uma igualdade achatada nos cálculos aritméticos da desigualdade, a democracia é incapaz de dar à política sua medida própria. O discurso inaugural da filosofia política pode então se resumir em duas fórmulas: primeiro, a igualdade não é a democracia. Segundo, a justiça não é a administração do dano.

Em seu enunciado bruto, essas duas proposições são exatas. A igualdade, de fato, não se presentifica na democracia, nem a justiça no dano. A política trabalha sempre sobre a distância que faz com que a igualdade consista apenas na figura do dano. Ela trabalha ao encontro da lógica policial e da lógica da igualdade. Mas toda a questão é saber como interpretar essa distância. Ora, a polêmica filosófica transforma-a, com Platão, no signo de uma falsidade radical. Ela decreta que uma política que não é a efetuação de seu próprio princípio, que não é a encarnação de um princípio da comunidade, não é uma política do todo. A "política de verdade" vem então opôr-se ao *kratein* do *demos* e substituir a sua torção específica por uma pura lógica do *ou... ou*, da pura alternativa entre o modelo divino e o modelo perecível. A harmonia da justiça opõe-se então ao dano, reduzido à chicana dos rábulas de espírito torto; a igualdade geométrica, como proporção do cosmo própria para harmonizar a alma da cidade, opõe-se a uma igualdade democrática reduzida à igualdade aritmética, quer dizer, ao reino do mais e do menos. Face ao impensável nó político do igual e do desigual, define-se o programa da filosofia política, ou melhor, da política dos filósofos: realizar a essência verdadeira da política, da qual a democracia só produz a aparência; suprimir essa impropriedade, essa distância de si da comunidade que o dispositivo político democrático instala no centro mesmo do espaço da cidade. Trata-se, em suma, de realizar a essência da política pela supressão da política, pela realização da filosofia "no lugar" da política.

Mas suprimir a política em sua realização, colocar a ideia verdadeira da comunidade, e do bem ligado a sua natureza, no lugar da torção da igualdade em dano, isso significa antes de mais nada suprimir a diferença entre política e polícia. O princípio da política dos filósofos é a identificação do princípio da política como atividade com o da polícia enquanto determinação da partilha do sensível que define as partes dos indivíduos e das "partes". O ato conceitual inaugural dessa política é a cisão que Platão opera numa noção, a de *politeia*. Na forma como ele a pensa, esta não é a constituição, a forma geral que se repartiria em variedades — democracia, oligarquia ou tirania. Ela é a alternativa a essas alternâncias. Há de um lado a *politeia*, de outro as *politeiai*, as diversas variedades de maus regimes ligadas ao conflito das "partes" da cidade e à dominação de uma sobre as outras. O mal, diz o Livro VIII das *Leis*, está nessas *politeiai* das quais nenhuma é uma *politeia*, que são todas apenas facções, governos do desacordo.[37] A *politeia* platônica é o regime de interioridade da comunidade que se opõe à ciranda dos maus regimes. A *politeia* opõe-se às *politeiai* como o Um da comunidade opõe-se ao múltiplo das combinações do dano. E mesmo o "realismo" aristotélico conhece a *politeia* como o bom estado da comunidade, do qual a democracia é a forma desviada. É que a *politeia* é o regime da comunidade fundado em

---

[37] Cf. *Leis*, VIII, 832 b-c, que deve ser comparado notadamente a *República*, IV, 445 c.

Da arquipolítica à metapolítica

sua essência, aquele no qual todas as manifestações do comum provêm do mesmo princípio. Os que hoje opõem a boa república à duvidosa democracia herdam, com maior ou menor consciência, essa separação primeira. A *república* ou a *politeia*, tal como Platão a inventa, é a comunidade que funciona no regime do Mesmo, que exprime em todas as atividades das partes da sociedade o princípio e o *telos* da comunidade. A *politeia* é primeiro um regime, um modo de vida, um modo da política segundo o qual ela é a vida de um organismo regulado por *sua* lei, que respira segundo seu ritmo, que inerva cada uma de suas partes com o princípio vital que o destina à função e ao bem que lhe são próprios. A *politeia*, segundo o conceito formulado por Platão, é a comunidade que efetua seu próprio princípio de interioridade em todas as manifestações de sua vida. É tornar impossível o dano. Pode-se dizer, simplesmente: a *politeia* dos filósofos é a identidade da *política* e da *polícia*.

Essa identidade tem dois aspectos. De um lado, a política dos filósofos identifica a política à polícia. Coloca-a sob o regime do Um distribuído em partes e funções. Incorpora a comunidade na assimilação de suas leis a maneiras de viver, ao princípio de respiração de um corpo vivo. Mas essa incorporação não significa que a filosofia política volte à naturalidade policial. A filosofia política existe porque essa naturalidade está perdida, porque a era de Cronos ficou para trás e porque, aliás, sua tão celebrada beatitude exalta apenas a parvoíce de uma existência vegetativa. A filosofia política ou a política dos filósofos existe porque a divisão está presente, porque a democracia propõe o paradoxo de um incomensurável específico, de uma parte dos sem-parte como problema a ser resolvido pela filosofia. A *isonomia* passou por aí, isto é, a ideia de que a lei específica da política é uma lei fundada na igualdade que se opõe a toda lei natural de dominação. A *República* não é a restauração da virtude dos tempos antigos. É também uma solução para o problema lógico pelo qual a democracia provoca a filosofia, o paradoxo da parte dos sem-parte. Identificar a política à polícia pode também significar identificar a polícia à política, construir uma imitação da política. Para imitar a ideia do bem, a *politeia* imita então a "má" política que sua imitação deve substituir. As filosofias políticas, pelo menos as que merecem esse nome, o nome desse paradoxo, são filosofias que trazem uma solução para o paradoxo da parte dos sem-parte, seja substituindo-o por uma função equivalente, seja criando seu simulacro, operando uma imitação da política na sua negação. É a partir do duplo aspecto dessa identificação que se definem as três grandes figuras da filosofia política, as três grandes figuras do conflito da filosofia e da política e do paradoxo dessa realização-supressão da política cuja última palavra é, talvez, a realização-supressão da própria filosofia. Designarei essas três grandes figuras pelos nomes de *arquipolítica*, *parapolítica* e *metapolítica*.

A arquipolítica, de que Platão mostra o modelo, expõe em toda a sua radicalidade o projeto de uma comunidade fundada na realização integral, na sensibilização integral da *arkhé* da comunidade, substituindo a configuração democrática da política, sem deixar qualquer resto. Substituir sem resto essa configuração quer dizer dar uma solução lógica ao paradoxo da parte dos sem-parte. Essa solução passa por um princípio que não é apenas de proporcionalidade, mas de proporcionalidade inversa. O relato fundador das três raças e dos três metais, no Livro III da *República*, não estabelece apenas a ordem hierárquica da cidade em que a cabeça comanda a barriga. Estabelece uma cidade na qual a superioridade, o *kratos* do melhor sobre o menos bom não significa nenhuma relação de dominação, nenhuma "*cracia*" no sentido político. Para isso, é preciso que o *kratein* do melhor se realize como distribuição invertida das partes. O fato de os magistrados, que têm ouro na alma, não poderem ter nenhum ouro material nas mãos significa que eles só podem ter como coisa própria aquilo que é comum. Sendo o "título" deles o conhecimento da amizade dos corpos celestes que a comunidade deve imitar, a parte que lhes é "própria" só poderia ser o comum da comunidade. Simetricamente, o comum dos artesãos é possuir apenas aquilo que lhes é próprio. As casas e o ouro que eles são os únicos a ter direito de possuir são o pagamento por sua singular participação na comunidade. Só participam dela sob a condição de não terem que cuidar do todo. São membros da comunidade apenas pelo fato de executarem a obra própria para a qual a natureza os destina com exclusividade: sapataria, carpintaria ou qualquer outro trabalho manual — ou, antes, pelo fato de nada fazerem além dessa função, de não terem outro espaço-tempo senão o de seu ofício. O que é evidentemente suprimido por essa lei de exclusividade dada como característica própria e natural do exercício de todo ofício é esse espaço comum que a democracia decupava no cerne da cidade enquanto lugar de exercício da liberdade, lugar de exercício do poder desse *demos* que atualiza a parte dos sem-parte; é esse tempo paradoxal que aqueles que não têm tempo para isso dedicam a esse exercício. A aparente empiricidade do início da *República*, com sua enumeração das necessidades e das funções, é um regulamento inicial do paradoxo democrático: o *demos* é decomposto em seus membros para que a comunidade seja recomposta em suas funções. O relato edificante da reunião primeira dos indivíduos pondo em comum suas necessidades e trocando seus serviços, que a filosofia política e seus sucedâneos arrastarão de era em era, em versões ingênuas ou sofisticadas, tem originalmente essa função bem determinada de decomposição e de recomposição, apta a limpar do *demos* o território da cidade, a limpá-lo de sua "liberdade" e dos lugares e tempos de seu exercício. Antes de edificar a comunidade sobre sua lei própria, antes do gesto refundador e da educação cívica, o regime de vida da *politeia* já está moldado na fábula desses quatro trabalhadores que nada devem fazer além de seu próprio ofício.[38] A virtude de fazer (apenas) isso chama-se *sophrosyné*. As palavras "temperança" e "moderação", pelas quais nos vemos obrigados a traduzi-la, escondem atrás de pálidas imagens de controle dos apetites a relação propriamente lógica expressa por essa "virtude" da classe inferior. A *sophrosyné* é a estrita réplica da "liberdade" do *demos*. A liberdade era a *axia* paradoxal do povo, o título comum do qual o *demos* se apropriava como sua coisa "própria". Por simetria, a *sophrosyné* que é definida como a virtude dos artesãos nada mais é que a virtude comum. Mas essa identidade do próprio e do comum funciona ao inverso da "liberdade" do *demos*. Não pertence em absoluto àqueles de quem ela é a única virtude. É,

---

[38] Cf. *República*, II, 369 c-370 c. Propus um extenso comentário sobre essa passagem em *Le philosophe et ses pauvres*, Paris, Fayard, 1983.

apenas, a dominação do melhor sobre o menos bom. A virtude própria e comum dos homens da multidão nada é além da submissão à ordem segundo a qual eles são apenas o que são e só fazem o que fazem. A *sophrosyné* dos artesãos é idêntica à sua "ausência de tempo". É sua maneira de viver, na exterioridade radical, a interioridade da pólis.

A ordem da *politeia* pressupõe assim a ausência de todo vazio, a saturação do espaço e do tempo da comunidade. O reino da lei é também o desaparecimento do que é consubstancial ao modo de ser da lei ali onde a política existe: a exterioridade da escrita. A república é a comunidade onde a lei (o *nomos*) existe como *logos* vivo: como *ethos* (costumes, maneira de ser, caráter) da comunidade e de cada um de seus membros; como ocupação dos trabalhadores; como melodia que fica nas cabeças e como movimento que anima espontaneamente os corpos, como alimento espiritual (*trophé*) que volta naturalmente os espíritos para um certo torneio (*tropos*) de comportamento e de pensamento. A república é um sistema de tropismos. A política dos filósofos não começa, como o querem os bem-pensantes, com a lei. Começa com o espírito da lei. O fato de as leis exprimirem antes de mais nada uma maneira de ser, um temperamento, um clima da comunidade, isso não é a descoberta de algum espírito curioso do século das Luzes. Ou, melhor, se Montesquieu descobriu à sua maneira esse espírito, é que este já estava acoplado à lei, na determinação filosófica original da lei política. A igualdade da lei é antes de tudo a igualdade de um humor. A boa cidade é aquela onde a ordem do *kosmos*, a ordem geométrica que rege o movimento dos astros divinos, manifesta-se como temperamento de um organismo no qual o cidadão age não segundo a lei, mas segundo o espírito da lei, o sopro vital que o inspira. É aquela na qual o cidadão é convencido por uma história, mais do que retido por uma lei, em que o legislador, ao escrever as leis, entrelaça numa trama cerrada as admoestações necessárias aos cidadãos assim como "sua opinião sobre o belo e o feio".[39] É aquela na qual a legislação se absorve por inteiro na educação, mas também na qual a educação transborda os meros

---

[39] Cf. *Leis*, VII, 823 a.

ensinamentos do mestre-escola e em que ela se oferece a todo instante no concerto do que se oferece a ver e se dá a entender. A arquipolítica é a realização integral da *physis* em *nomos*, o total tornar-se sensível da lei comunitária. Não pode haver tempo morto nem espaço vazio na trama da comunidade.

Essa arquipolítica é, então, também uma arquipolícia que concilia as maneiras de ser e as de fazer, as maneiras de sentir e as de pensar, sem deixar restos. Mas reduzimos o alcance dessa arquipolítica ou arquipolícia e desconhecemos sua herança, se a assimilarmos à utopia do filósofo ou ao fanatismo da cidade fechada. O que Platão inventa, de maneira mais ampla e mais duradoura, é a oposição da república à democracia. O regime do dano e da divisão democráticos, a exterioridade da lei que mede a eficácia da parte dos sem-parte no conflito dos partidos, ele os substitui pela república que não se funda tanto no universal da lei, mas sobretudo na educação que transforma, incessantemente, a lei em seu espírito. Ele inventa o regime de interioridade da comunidade, no qual a lei é a harmonia do *ethos*, a concordância do *caráter* dos indivíduos aos *costumes*[40] da coletividade. Ele inventa as ciências que acompanham essa interiorização do vínculo comunitário, essas ciências da alma individual e coletiva que a modernidade chamará "psicologia" e "sociologia". O projeto "republicano", tal como é elaborado pela arquipolítica platônica, é a psicologização e a sociologização integrais dos elementos do dispositivo político. A *politeia* coloca, no lugar dos elementos turvos da subjetivação política, as funções, as aptidões e os sentimentos da comunidade concebida como corpo animado pela alma una do todo: divisão dos ofícios, unidade dos tropismos éticos, uníssono das fábulas e dos refrãos.

É importante ver como a ideia de república, o projeto educativo e a invenção das ciências da alma individual e coletiva, se mantêm juntos enquanto elementos do dispositivo arquipolítico. A "restauração" hoje proclamada da filosofia política se afirma como reação à ilegítima usurpação do campo da política e das prer-

---

[40] No original, *moeurs*, que tem também a conotação de "valores morais de uma comunidade". (N. da E.)

rogativas da filosofia política pelas ciências sociais. E o ideal da república e de sua instrução universalista se opõe de bom grado a uma escola submetida aos imperativos parasitários de uma psicopedagogia e de uma sociopedagogia ligadas aos vícios conjugados do individualismo democrático e do totalitarismo socialista. Mas essas polêmicas esquecem, geralmente, que foi a "filosofia política" que inventou as ciências "humanas e sociais" enquanto ciências da comunidade. A centralidade da *paideia* na república é também o primado da harmonização dos caracteres individuais e dos costumes coletivos sobre toda distribuição de saber. A república de Jules Ferry,[41] paraíso supostamente perdido do universalismo cidadão, nasceu à sombra de ciências humanas e sociais herdadas por sua vez do projeto arquipolítico. A escola e a república não foram recentemente pervertidas pela psicologia e pela sociologia. Apenas mudaram de psicologia e de sociologia, e mudaram o funcionamento desses saberes da alma individual e coletiva no sistema da distribuição dos saberes, conciliaram de forma diferente a relação de campo pedagógico, a an-arquia da circulação democrática dos saberes e a formação republicana da harmonia dos caracteres e dos costumes. Não abandonaram o universal pelo particular. Combinaram de outra maneira o universal singularizado (polêmico) da democracia e o universal particularizado (ético) da república. As denúncias filosóficas e republicanas do imperialismo sociológico, assim como as denúncias sociológicas de uma filosofia e de uma república denegadoras das leis da reprodução social e cultural, esquecem também o nó primário que a arquipolítica estabelece entre a comunidade fundada na proporção do cosmo e o trabalho das ciências da alma individual e coletiva.

A arquipolítica, da qual Platão dá a fórmula, resume-se assim na realização integral da *physis* em *nomos*. Isto supõe a supressão dos elementos do dispositivo polêmico da política, sua substituição pelas formas de sensibilização da lei comunitária. A substituição de um título vazio — a *liberdade* do povo — por uma virtude

---

[41] Jules Ferry (1832-1893) foi o autor de uma série de leis que asseguraram o ensino público laico, gratuito e obrigatório na República francesa. (N. da E.)

Da arquipolítica à metapolítica

igualmente vazia — a *sophrosyné* dos artesãos — é o ponto nodal desse processo. A supressão total da política enquanto atividade específica é seu resultado. A *parapolítica*, cujo princípio Aristóteles inventa, recusa-se a pagar esse preço. Como toda "filosofia política", ela tende a identificar em última instância a atividade política com a ordem policial. Mas o faz do ponto de vista da especificidade da política. A especificidade da política é a interrupção, o efeito da igualdade enquanto "liberdade" litigiosa do povo. É a divisão original da *physis* que é chamada a realizar-se em *nomos* comunitário. Há política porque a igualdade vem operar essa cisão originária da "natureza" política, que é condição para que se possa simplesmente imaginar uma tal natureza. Essa cisão, essa submissão do *telos* comunitário ao fato da igualdade, é constatada por Aristóteles no início do segundo Livro da *Política*, que constitui seu acerto de contas com o mestre Platão. Sem dúvida, declara ele, seria preferível que os melhores mandassem na cidade e que mandassem sempre. Mas essa ordem natural das coisas é impossível quando se está numa cidade onde "todos são iguais por natureza".[42] Inútil perguntar-se por que essa igualdade é natural e por que essa natureza surge em Atenas e não na Lacedemônia. Basta que exista. Numa tal cidade, é *justo* — seja isso uma coisa *boa* ou *má* — que todos participem do mando e que essa partilha igual se manifeste numa "imitação" específica: a alternância entre o lugar de governante e o de governado.

Tudo se decide nessas poucas linhas que separam o bem distintivo da política — a justiça — de toda e qualquer outra forma do bem. O bem da política começa por quebrar a simples tautologia segundo a qual o que é bom é que o melhor tenha precedência sobre o menos bom. A partir do momento em que a igualdade existe e configura-se como liberdade do povo, o *justo* não poderia ser sinônimo do *bem* e não poderia ser o desdobramento de sua tautologia. A virtude do homem de bem, que é mandar, não é a virtude própria da política. Só existe política porque há iguais e porque é sobre eles que o mando se exerce. O problema não é apenas "adequar-se" à presença bruta da duvidosa liberdade do *de-*

---

[42] Cf. *Política*, II, 1261 b 1.

mos. Pois essa presença bruta é também a presença da política, o que distingue sua *arkhé* própria de qualquer outra forma de mando. Todas as outras formas de mando se exercem de um superior sobre um inferior. Mudar o modo dessa superioridade, como propõe Sócrates a Trasímaco, não resulta em nada. Se a política é alguma coisa, é por uma capacidade totalmente singular que, antes de existir o *demos*, era simplesmente inimaginável: a igual capacidade de comandar e de ser comandado. Essa virtude não poderia reduzir-se à virtude militar bem conhecida do exercício que torna apto a mandar mediante a prática da obediência. Platão abriu lugar a esse aprendizado pela obediência — mas a obediência ainda não é a capacidade política de permutabilidade. Por isso, a cidade platônica não é política. Mas uma cidade não-política não é, de forma alguma, uma cidade. Platão compõe um estranho monstro, que impõe à cidade o modo de mando da família. Que ele deva para isso suprimir a família é um paradoxo perfeitamente lógico: suprimir a diferença entre uma e outra é suprimir as duas. Não existe cidade que não seja política e a política começa com a contingência igualitária.

O problema da parapolítica estará então em conciliar as duas naturezas e suas lógicas antagônicas: a que quer que o melhor em todas as coisas seja o mando do melhor e a que quer que o melhor em matéria de igualdade seja a igualdade. Pouco importa o que se diga sobre os antigos e sua cidade do bem comum: Aristóteles efetua nesse bem comum um corte decisivo, pelo qual tem início um novo modo da "filosofia política". Que esse novo modo seja identificado à quintessência da filosofia política e que Aristóteles seja o último recurso de todos esses "restauradores", é fácil de compreender. Ele propõe a figura, infinitamente fascinante, de uma realização feliz da contradição implícita na própria expressão. É aquele que resolveu a quadratura do círculo: propor a realização de uma ordem natural da política em ordem constitucional pela inclusão mesma do que causa obstáculo a qualquer realização desse gênero — o *demos*, isto é, a forma de exposição da guerra dos "ricos" e dos "pobres", isto é, enfim, a eficácia da an-arquia igualitária. E realiza também a proeza de apresentar esse *tour de force* como a simples consequência da determinação primária do animal

Da arquipolítica à metapolítica

político. Assim como Platão realiza de pronto a perfeição da arquipolítica, Aristóteles conclui de pronto o *telos* dessa parapolítica que funcionará como o regime normal, honesto, da "filosofia política": transformar os atores e as formas de ação do litígio político em "partes" e formas de distribuição do dispositivo policial.

Em vez de substituir uma ordem por outra, a parapolítica opera assim o seu recobrimento. O *demos*, por intermédio do qual existe a especificidade da política, torna-se uma das partes de um conflito político que se identifica com o conflito pela ocupação dos "cargos de mando", das *arkhai* da cidade. É para isso que Aristóteles opera uma fixação da "filosofia política" num centro que, depois dele, vai parecer totalmente natural apesar de não o ser de modo nenhum. Esse centro é o dispositivo institucional das *arkhai* e a relação de campo que nele se arma, o que os modernos chamarão "poder" e para o que Aristóteles não tinha nome, apenas um adjetivo: "*kurion*", o elemento dominante, aquele que, exercendo sua dominação sobre o outro, confere à comunidade sua tônica, seu estilo próprio. A parapolítica é, antes de tudo, esse centramento do pensamento político no lugar e no modo da repartição das *arkhai* pelo qual se define um regime, no exercício de um certo *kurion*. Esse centramento parece evidente aos olhos de uma modernidade para a qual a questão do político é naturalmente a do poder, dos princípios que o legitimam, das formas nas quais ele se distribui e dos tipos que o especificam. Ora, é preciso ver que tal centramento é antes de tudo uma resposta singular ao paradoxo específico da política, ao enfrentamento da lógica policial da distribuição das partes e da lógica política da parte dos sem-parte. O entrelaçamento singular do efeito de igualdade e da lógica desigualitária dos corpos sociais, que constitui o traço próprio da política, é deslocado, por Aristóteles, para o político como lugar específico das instituições. O conflito das duas lógicas torna-se então o conflito das duas partes que lutam para ocupar as *arkhai* e conquistar o *kurion* da cidade. Em suma, o paradoxo teórico do político, o encontro dos incomensuráveis, torna-se o paradoxo prático do governo, que toma a forma de um problema certamente espinhoso mas rigorosamente formulável enquanto relação entre dados homogêneos: o governo da cidade, a instância que a dirige e a mantém, é sempre o governo de uma das "partes", de uma das facções que, impondo sua lei à outra, impõe à cidade a lei da divisão. O problema é portanto: como fazer para que a cidade seja conservada por um "governo" cuja lógica, qualquer que seja ele, é a da dominação sobre a outra "parte" pela qual se sustenta a dissensão que arruína a cidade? A solução aristotélica, sabemos, consiste em tomar o problema pelo avesso. Já que todo governo, por sua lei natural, cria a sedição que o derrubará, convém a todo governo ir contra a sua própria lei. Ou, melhor, ele deve descobrir sua lei verdadeira, a lei comum a todos os governos: esta lhe ordena que ele se conserve e que para isso utilize, contra sua tendência natural, os meios que asseguram a salvaguarda de todos os governos e, com isso, a salvaguarda da cidade que eles governam. A tendência própria da tirania está em servir ao interesse e bel-prazer somente do tirano, o que suscita a revolta conjunta dos oligarcas e das massas e, em consequência, o desequilíbrio que faz perecer a tirania. O único meio de conservar a tirania será, então, para o tirano, submeter-se ao reino da lei e favorecer o enriquecimento do povo e a participação das pessoas de bem no poder. Os oligarcas têm o hábito de prestar entre eles juramento de em tudo prejudicar o povo. E cumprem a palavra com constância suficiente para atrair, com certeza, a sedição popular que arruinará o seu poder. Que se esmerem, ao contrário, em servir em tudo aos interesses do povo e terão seu poder consolidado. Que se esmerem, ou pelo menos façam como se estivessem se esmerando. Pois a política é coisa estética, questão de aparência. O bom regime é aquele que faz os oligarcas verem a oligarquia e o *demos* a democracia. Assim, o partido dos ricos e o partido dos pobres serão levados a fazer a mesma "política", a política ímpar dos que não são ricos nem pobres, essa classe média que falta em todo lugar, não somente porque o quadro restrito da cidade não lhe dá espaço de desenvolvimento, mas porque, de uma maneira mais profunda, a política só se ocupa de ricos e de pobres. O social continua sendo, pois, a utopia da política policiada e é por um meticuloso jogo de redistribuição dos poderes e das aparências de poder que cada *politeia*, cada forma de (mau) governo, se aproxima de seu homônimo, a *politeia*, o governo da lei. Para que a lei reine, é preciso que cada regime, para

Da arquipolítica à metapolítica

se manter, se anule nesse regime médio que é o regime ideal da partilha, pelo menos quando a democracia já passou por ali.

Em sua nova figura, o filósofo — sábio e artista, legislador e reformador — redispõe os elementos do dispositivo democrático (a aparência do povo, sua contagem desigual e seu litígio fundador) nas formas da racionalidade do bom governo que realiza o *telos* da comunidade na distribuição dos poderes e dos modos de sua visibilidade. Por uma singular *mimésis*, o *demos* e seu erro de conta — condições da política — são integrados na realização do *telos* da natureza comunitária. Mas essa integração só atinge a perfeição sob a forma de um ausentar-se. É o que exprime a célebre hierarquia dos tipos de democracia apresentada nos Livros IV e VI da *Política*. A melhor democracia é a democracia camponesa, pois é precisamente aquela em que o *demos* está ausente de seu lugar. A dispersão dos camponeses nos campos distantes e a coerção do trabalho impedem-nos de vir ocupar o lugar de *seu* poder. Detentores do título da soberania, deixarão o seu exercício concreto para as pessoas de bem. A lei reina então, diz Aristóteles, por ausência de recurso:[43] ausência de dinheiro e de tempo livre para ir à assembleia, ausência de meio que permita ao *demos* ser um modo efetivo de subjetivação da política. A comunidade contém então o *demos* sem experimentar o seu litígio. A *politeia* realiza-se assim como distribuição dos corpos num território que os mantém afastados uns dos outros, deixando apenas aos "melhores" o espaço central do político. Uma diferença do povo em relação a si mesmo imita e anula uma outra. A espacialização — a diferença em relação a si mesmo do *demos* bem constituído — completa a volta imitando a diferença em relação a si mesmo do povo democrático. Essa utopia da democracia corrigida, da política espacializada terá, também ela, vida longa: a "boa" democracia tocquevilliana, a América dos grandes espaços em que é possível não se encontrar, lhe serve de eco, assim como, em menor escala, a Europa de nossos políticos. Se a arquipolítica platônica se transmuda, na era moderna, em sociologia do vínculo social e das crenças comuns que

---

[43] *Política*, IV, 1292 b 37-38. Para uma análise mais detalhada, ver Jacques Rancière, *Aux bords du politique*, Paris, Osiris, 1990.

corrigem o *laisser-aller* democrático e dão coesão ao corpo republicano, a parapolítica se transmuda de bom grado numa outra "sociologia": a representação de uma democracia separada de si mesma, tornando, inversamente, em virtude a dispersão que impede o povo de tomar corpo. Se a "filosofia política" platônica e seus sucedâneos propõem curar a política substituindo as aparências litigiosas do *demos* pela verdade de um corpo social animado pela alma das funções comunitárias, a filosofia política aristotélica e seus sucedâneos propõem a realização da ideia do bem pela exata *mimésis* do distúrbio democrático que obsta a sua efetuação: utopia última de uma política sociologizada, revertida em seu contrário; fim calmo da política em que os dois sentidos do "fim", o *telos* que se completa e o gesto que suprime, acabam por coincidir de maneira exata.

Mas, antes que se opere essa transformação da "filosofia política" em "ciência social", há a forma moderna que o empreendimento parapolítico assume, aquela que se resume nos termos de "soberania" e "contrato". É Hobbes quem fixa sua fórmula, e quem a fixa como crítica à "filosofia política" dos antigos. Esta é, para ele, utópica, ao afirmar a existência de uma "politicidade" inerente à natureza humana. E é sediciosa, ao fazer dessa politicidade natural a norma por cujo padrão qualquer um pode pretender avaliar a conformidade de um regime a essa politicidade de princípio e ao bom governo que é a sua realização ideal. Hobbes, com efeito, está entre os primeiros a perceber o nó singular da política e da filosofia política. Quanto aos conceitos que a filosofia política extrai da política para elaborar as regras de uma comunidade sem litígio, a política não cessa de retomá-los com o fito de reconvertê-los, mais uma vez, em elementos de um novo litígio. Assim, Aristóteles repartia os regimes em bons e maus, segundo servissem ao interesse de todos ou ao da "parte" soberana. O tirano se distinguia do rei, não pela forma de seu poder, mas por sua finalidade. Outrossim, o tirano, ao mudar os meios da tirania, fazia "como se" mudasse sua finalidade.[44] Ele transformava sua tirania numa quase-realeza, o que era o meio de servir ao mesmo

---

[44] Cf. *Política*, V, 1314 a-1315 b.

Da arquipolítica à metapolítica

tempo a seu interesse e ao da comunidade. A distância entre os dois nomes só era denotada para mostrar, melhor, a possibilidade de tornar as coisas idênticas: um bom tirano é como um rei, pouco importa portanto o seu nome. Hobbes é confrontado com a reversão dessa relação: o nome "tirano" é o nome vazio que permite a qualquer pregador, oficial ou homem de letras, contestar a conformidade do exercício do poder real com relação à razão de ser da realeza, julgar que ele é um mau rei. Um mau rei é um tirano. E um tirano é um falso rei, alguém que toma ilegitimamente o lugar do rei, alguém cuja expulsão ou assassinato são, portanto, legítimos. De modo similar, Aristóteles guardava o título de "povo", acentuando a distância entre o nome do povo soberano e a realidade do poder das pessoas de bem. Ainda aqui as coisas se revertem: o nome vazio de povo torna-se a potência subjetiva de julgar a distância entre a realeza e a sua essência, e de levar a efeito esse julgamento para reabrir o litígio. O problema é, então, suprimir essa contagem flutuante do povo que coloca em cena a distância entre um regime e sua norma. O mal funesto, diz Hobbes, é que as "pessoas privadas"[45] ocupem-se em decidir sobre o justo e o injusto. Mas o que ele entende por "pessoas privadas" nada mais é que aqueles que, em termos aristotélicos, "não tomam parte" no governo da coisa comum. O que está em jogo é então a própria estrutura do dano que institui a política, a eficácia da igualdade como parte dos sem-parte, definição de "partes" que são na verdade sujeitos do litígio. Para cortar o mal pela raiz e desarmar "as falsas opiniões do vulgo no que tange ao direito e ao dano",[46] é preciso refutar a própria ideia de uma "politicidade" natural do animal humano, pela qual ele estaria destinado a um bem diferente de sua mera conservação. É preciso estabelecer que a politicidade é apenas secundária, que é apenas a vitória do sentimento da

---

[45] Thomas Hobbes, *Le citoyen*, Paris, Flammarion, 1982, p. 69 [em francês, "personnes privées", na tradução brasileira, "pessoas particulares", ver *Do cidadão*, São Paulo, Martins Fontes, 1992, p. 13 (N. do R.)].

[46] *Ibid.*, p. 84 [na tradução brasileira, p. 6: "as errôneas opiniões do vulgo quanto à natureza do que é certo ou errado" (N. do R.)].

conservação sobre o ilimitado do desejo que põe cada um em guerra contra todos.

O paradoxo é que Hobbes, para refutar Aristóteles, no fundo apenas transpõe o raciocínio aristotélico — a vitória do desejo racional de conservação sobre a paixão própria do democrata, do oligarca ou do tirano. Ele o desloca do plano das "partes" no poder para o plano dos indivíduos, de uma teoria do governo para uma teoria da origem do poder. Esse duplo deslocamento que cria um objeto privilegiado da filosofia política moderna — a origem do poder — tem uma função bem específica: liquida inicialmente a parte dos sem-parte. A politicidade só existe assim mediante a alienação inicial e sem resto de uma liberdade que é apenas dos indivíduos. A liberdade não poderia existir como parte dos sem-parte, como a propriedade vazia de algum sujeito político. Ela deve ser tudo ou nada. Só pode existir sob duas formas: como propriedade de puros indivíduos associais ou, na sua alienação radical, como soberania do soberano.

Isso quer dizer também que a soberania não é mais a dominação de uma parte sobre outra. Ela é o não-lugar radical das partes e daquilo a que seu jogo dá ensejo: a eficácia da parte dos sem-parte. A problematização da "origem" do poder e os termos de seu enunciado — contrato, alienação e soberania — dizem antes de tudo: não há parte dos sem-parte. Só há indivíduos e o poder do Estado. Toda parte a pôr em jogo o direito e o dano é contraditória com a própria ideia da comunidade. Rousseau denunciou a frivolidade da demonstração hobbesiana. É um *hysteron proteron*[47] grosseiro refutar a ideia de uma sociabilidade natural invocando as maledicências dos salões e as intrigas das cortes. Mas Rousseau — e a tradição republicana moderna depois dele — concorda com o que é o cerne sério dessa frívola demonstração, a liquidação dessa parte dos sem-parte que a teoria aristotélica se empenhava em integrar na sua própria negação. Ele concorda com a

---

[47] Figura de retórica que consiste em apresentar os termos de uma frase em ordem contrária à cronologia ou à lógica, com o intuito de chamar a atenção para a ideia mais importante, situando-a em primeiro lugar. (N. da E.)

Da arquipolítica à metapolítica

tautologia hobbesiana da soberania: a soberania só repousa em si mesma, porque fora dela existem apenas indivíduos. Qualquer outra instância no jogo político é apenas facção. A parapolítica moderna começa por inventar uma natureza específica, uma "individualidade" estritamente correlata ao absoluto de uma soberania que deve excluir a querela das frações, a querela das partes e das "partes". Ela começa por uma primeira decomposição do povo em indivíduos, que exorciza de golpe, na guerra de todos contra todos, a guerra das classes em que consiste a política. Os defensores dos "antigos" facilmente veem a origem das catástrofes da política moderna na fatal substituição da regra objetiva do direito, que fundaria a comunidade política aristotélica, pelos "direitos subjetivos". Mas Aristóteles não conhece "o direito" como princípio organizador da sociedade civil e política. Ele conhece o *justo* e suas diferentes formas. Ora, a forma política do justo é, para ele, a que determina as relações entre as "partes" da comunidade. A modernidade não coloca somente os direitos "subjetivos" no lugar da regra objetiva de direito. Ela inventa o direito como princípio *filosófico* da comunidade *política*. E essa invenção caminha a par da fábula de origem, da fábula da relação dos indivíduos com o todo, feita para liquidar a relação litigiosa das partes. Inclusive porque uma coisa é o *direito*, que conceitualiza a "filosofia política" para regular a questão do dano, outra coisa é o direito que a política faz funcionar no dispositivo de tratamento de um dano. Pois, em política, não é o direito que é fundador, mas o dano, e o que pode diferenciar uma política dos modernos de uma política dos antigos é uma diferente estrutura do dano. Mas é preciso acrescentar que o tratamento político do dano não para de tomar emprestados à "filosofia política" elementos para serem transformados em novas argumentações e manifestações do litígio. É assim que as formas modernas do dano ligarão ao litígio acerca da contagem das partes da comunidade o novo litígio que refere cada um ao todo da soberania.

Pois o paradoxo está aí: a ficção de origem que deve fundar a paz social é aquela que, no fim, cavará o abismo de um litígio mais radical que o dos antigos. Recusar a luta de classes como segunda lógica, segunda "natureza" que institui o político, fazer logo de início que a divisão da natureza represente uma passagem do direito natural à lei natural, é confessar que o princípio último do político é a pura e simples igualdade. A fábula da guerra de todos contra todos é tola como todas as fábulas de origem. Mas, por trás dessa pobre fábula de morte e de salvação, declara-se algo mais sério, a enunciação do segredo último de toda ordem social, a pura e simples igualdade de qualquer um a qualquer um: não há um princípio natural de dominação de um homem sobre outro. A ordem social repousa, em última instância, na igualdade que é também sua ruína. Nenhuma "convenção" pode mudar nada dessa falha da "natureza" se ela não for alienação total e sem volta de toda "liberdade" na qual essa igualdade poderia ter efeito. É preciso portanto identificar originariamente igualdade e liberdade e liquidá-las juntas. O absoluto da alienação e o da soberania são necessários em razão da igualdade. Isso quer dizer também que só são justificáveis a preço de *nomear* a igualdade como fundamento e abismo primeiro da ordem comunitária, como única razão da desigualdade. E contra o fundo dessa igualdade doravante declarada dispõem-se os elementos do litígio político novo, as razões da alienação e do inalienável que virão argumentar as novas formas da guerra das classes.

De um lado, a liberdade tornou-se o próprio dos *indivíduos* como tais, e da fábula da alienação sairá, a contrapelo da intenção hobbesiana, a questão de saber se e em que condições os indivíduos podem aliená-la totalmente; sairá, em suma, o direito do indivíduo enquanto não-direito do Estado, o *título* de qualquer um a pôr em questão o Estado ou a servir de prova de sua infidelidade a seu princípio. De outro lado, o povo, que se pretendia suprimir na tautologia da soberania, aparecerá como a personagem que deve ser pressuposta para que a alienação seja pensável e, em definitivo, como o verdadeiro sujeito da soberania. É a demonstração que Rousseau opera na sua crítica a Grotius.[48] A "liberdade" do

---

[48] Hugo Grotius (1583-1645), jurista dos Países Baixos, tido como um dos fundadores do Direito Internacional; as críticas mais cerradas de Rousseau às ideias de escravidão e pacto de submissão formuladas por Grotius encontram-se no *Contrato social*, livro I, capítulo IV. (N. da E.)

povo, que se devia liquidar, poderá então retornar como idêntica à realização do poder comum dos homens que nascem "livres e iguais em direito". Ela poderá servir como argumentação na estrutura de um dano radical, aquele causado a esses homens que "nasceram livres e em todo lado se encontram a ferros". Aristóteles conhecia o fato acidental dessas cidades em que os pobres são "livres por natureza" e o paradoxo que liga essa natureza "acidental" à própria definição da natureza política. Mas a ficção de origem, em sua transformação última, torna o litígio da liberdade própria e imprópria do povo no absoluto da contradição original de uma liberdade da qual cada sujeito — cada homem — é originalmente possuidor e despossuído. Homem é então o sujeito mesmo da relação do todo e do nada, o curto-circuito vertiginoso entre o mundo dos seres que nascem e morrem e os termos da igualdade e da liberdade. E o *direito*, cuja determinação filosófica fora produzida para desfazer o nó do *justo* com o litígio, torna-se o nome novo, o nome por excelência do dano. Sob qualquer demonstração de uma contagem dos incontáveis, sob todo modo de comunidade organizado para a manifestação de um litígio, estará doravante presente a figura-mestra daquele cuja contagem é sempre deficitária: esse homem que não é contado enquanto qualquer uma de suas respostas não o for; mas, também, que nunca é contado em sua integridade enquanto não for contado como animal político. Denunciando os compromissos da parapolítica aristotélica com a sedição que ameaça o corpo social e decompondo o *demos* em indivíduos, a parapolítica do contrato e da soberania reabre uma distância mais radical do que a velha distância política da parte tomada pelo todo. Ela dispõe a distância do homem a si mesmo como o fundo primeiro e último da distância do povo a si mesmo.

Pois, ao mesmo tempo em que o povo soberano se apresenta, apresenta-se o seu homônimo, que não se parece em nada com ele, que é a negação ou o escárnio da soberania, o povo pré-político ou fora-do-político que se chama "população" ou "populacho": população laboriosa e sofredora, massa ignorante, turba acorrentada ou desacorrentada etc., cuja factualidade trava ou contradiz a realização da soberania. Assim torna a se estabelecer a distância do povo moderno, essa distância que está inscrita na conjunção problemática dos termos "homem" e "cidadão": elementos de um novo dispositivo do litígio político, em que cada termo serve para manifestar a não-contagem do outro; mas, também, princípio de um restabelecimento da distância entre a arquipolítica e a política e instalação dessa distância sobre a própria cena do político. Essa eficácia política da distância arquipolítica tem um nome. Chama-se terror. O terror é o agir político que assume como tarefa *política* a solicitação de efetuação da *arkhé* comunitária, de sua interiorização e de sua sensibilização integral, que assume, portanto, o programa arquipolítico mas que o assume nos termos da parapolítica moderna, os da relação apenas entre o poder soberano e indivíduos que, cada um no que lhe concerne, são sua dissolução virtual, ameaçando em si mesmos a cidadania que é a alma do todo.

Contra o pano de fundo do dano radical — a desumanidade do homem —, vão entrecruzar-se assim o novo dano que coloca os indivíduos e seus direitos em relação com o Estado; o dano que coloca o verdadeiro soberano — o povo — às voltas com os usurpadores da soberania; a diferença do povo soberano e do povo como "parte"; o dano que opõe as classes, e aquele que opõe a realidade de seus conflitos aos jogos do indivíduo e do Estado. É nesse jogo que se forja a terceira grande figura da "política dos filósofos", que será chamada *metapolítica*. A metapolítica ocupa uma situação simétrica em relação à arquipolítica. A arquipolítica revogava a falsa política, quer dizer, a democracia. Ela proclamava a distância radical entre a verdadeira justiça, semelhante à proporção divina, e as encenações democráticas do dano, assimiladas ao reino da injustiça. Simetricamente, a metapolítica sentencia um excesso radical da injustiça ou da desigualdade em relação ao que a política pode afirmar de justiça ou de igualdade. Ela afirma o dano absoluto, o excesso do dano que arruína toda condução política da argumentação igualitária. Nesse excesso ela revela uma "verdade" do político. Mas essa verdade é de um tipo particular. Não é a ideia do bem, a justiça, o *kosmos* divino ou a verdadeira igualdade que permitiria instituir uma verdadeira comunidade no lugar da mentira política. A verdade da política é a manifestação

Da arquipolítica à metapolítica

de sua falsidade. É essa distância de toda nomeação e de toda inscrição políticas em relação às realidades que as sustentam.

Sem dúvida essa realidade pode ser nomeada, e a metapolítica a nomeará: social, classes sociais, movimento real da sociedade. Mas o social só é essa verdade da política a preço de ser a verdade de sua falsidade: menos a carne sensível da qual a política é feita, do que o nome de sua falsidade radical. No dispositivo moderno da "filosofia política", a verdade da política não está mais situada acima de si em sua essência ou sua ideia. Está situada abaixo ou atrás dela, naquilo que ela esconde e que ela é feita somente para esconder. A metapolítica é o exercício daquela verdade, não mais situada em face da factualidade democrática como o bom modelo diante do simulacro mortal, mas como o segredo de vida e de morte, enrolado no cerne mesmo de qualquer demonstração da política. A metapolítica é o discurso sobre a falsidade da política que vem duplicar cada manifestação política do litígio, para provar seu desconhecimento de sua própria verdade, marcando a cada vez a distância entre os nomes e as coisas, a distância entre a enunciação de um *logos* do povo, do homem ou da cidadania e o cálculo que dele é feito, a distância reveladora de uma injustiça fundamental, ela mesma idêntica a uma mentira constitutiva. Se a arquipolítica antiga propunha uma terapêutica da saúde comunitária, a metapolítica moderna apresenta-se como uma sintomatologia que, em cada diferença política, por exemplo, na do homem e do cidadão, detecta um signo de não-verdade.

Foi evidentemente Marx quem, muito particularmente em *A questão judaica*, deu a formulação canônica da interpretação metapolítica. O alvo continua sendo o mesmo de Platão, ou seja, a democracia como perfeição de uma certa política, quer dizer, perfeição de sua mentira. O princípio de seu questionamento é dado estritamente pela distância entre um ideal identificado à figuração rousseauniana da soberania cidadã e uma realidade concebida nos termos hobbesianos da luta de todos contra todos. O tratamento dessa distância entre o homem hobbesiano e o cidadão rousseauniano sofre ele mesmo, no desenrolar do texto, uma inflexão significativa. De início, significa o limite da política, sua impotência para realizar a parte propriamente humana do homem. A emancipação humana é então a verdade da humanidade livre para além dos limites da cidadania política. Mas, durante o percurso, essa verdade do homem muda de lugar. O homem não é a realização por vir para além da representação política. Ele é a verdade escondida sob essa representação: o homem da sociedade civil, o proprietário egoísta ao qual corresponde o não-proprietário, cujos direitos de cidadão só estão ali para mascarar seu não-direito radical. A falha da cidadania em realizar a verdadeira humanidade do homem torna-se a sua capacidade de servir, mascarando-os, aos interesses do homem proprietário. A "participação" política é então a pura máscara da repartição das partes. A política é a mentira sobre uma verdade que se chama a sociedade. Mas, reciprocamente, o social é sempre redutível, em última instância, à simples não-verdade da política.

O social como verdade do político está preso num esquartejamento notável. Num polo, ele pode ser o nome "realista" e "científico" da "humanidade do homem". O movimento da produção e o da luta de classes são então o movimento verdadeiro que deve, mediante sua realização, dissipar as aparências da cidadania política em proveito da realidade do homem produtor. Mas essa positividade é de pronto corroída pela ambiguidade do conceito de classe. *Classe* é o exemplo perfeito de um desses homônimos sobre os quais as contagens da ordem policial e as da manifestação política se dividem. No sentido policial, uma classe é um agrupamento de homens aos quais sua origem ou sua atividade lhes confere um estatuto e uma posição particular. Classe, nesse sentido, pode designar, no sentido fraco, um grupo profissional. Fala-se assim, no século XIX, da classe dos impressores ou dos chapeleiros. No sentido forte, classe é sinônimo de casta. Daí o aparente paradoxo segundo o qual aqueles que se contam sem problema na enumeração *das* classes operárias recusam no mais das vezes reconhecer a existência de *uma* classe operária, que constitui uma divisão da sociedade e lhes dê uma identidade específica. No sentido político, uma *classe* é outra coisa completamente diferente: um operador do litígio, um nome para contar os incontados, um modo de subjetivação sobreimpresso sobre toda e qualquer realidade dos grupos sociais. O *demos* ateniense ou o proletariado no qual se conta o "burguês" Blanqui são classes desse tipo, isto é, poderes de desclassificação das espécies sociais, dessas "classes" que portam o mesmo nome que elas. Ora, entre esses dois tipos de classes rigorosamente antagônicos, a metapolítica marxista instaura uma ambiguidade em que se concentra todo o *desentendimento* filosófico do *desentendimento* político.

Este se resume na definição do proletariado: "classe da sociedade que não é *mais* uma classe da sociedade", diz a introdução à *Crítica da filosofia do direito de Hegel*. O problema é que com esses termos Marx dá uma definição rigorosa do que é classe somente no sentido político, quer dizer, no sentido da luta de classes. O nome de proletariado é o puro nome dos incontados, um modo de subjetivação que coloca num litígio novo a parte dos sem-parte. Marx renomeia, por assim dizer, essas "classes" que a ficção do homem e da soberania queria liquidar. Mas ele as renomeia de modo paradoxal. Ele as renomeia como a verdade infrapolítica, na qual a mentira política é levada a desabar. A excepcionalidade usual da classe que é uma não-classe, ele a pensa como o resultado de um processo de decomposição social. Faz, em suma, de uma categoria da política o conceito de não-verdade da política. A partir daí o conceito de classe entra numa oscilação indefinida que é também a oscilação do sentido da metapolítica entre um radicalismo da "verdadeira" política simétrico ao da arquipolítica platônica e um niilismo da falsidade de toda política que é também um niilismo político da falsidade de toda coisa.

Num primeiro sentido, de fato, o conceito de classe vale como a *verdade* da mentira política. Mas mesmo essa verdade oscila entre dois polos extremos. De um lado, tem a positividade de um conteúdo social. A luta de classes é o movimento verdadeiro da sociedade e o proletariado, ou a classe operária, é a força social que leva esse movimento até o ponto em que sua verdade faz a ilusão política estilhaçar. Assim definidos, a classe operária ou o proletariado são positividades sociais e sua "verdade" se presta a suportar todas as incorporações éticas do povo trabalhador e produtor. Mas, no outro polo, são definidos unicamente por sua negatividade de "não-classes". São os puros operadores do ato revolucionário por cuja medida não apenas todo grupo social positivo mas também toda forma de subjetivação democrática aparecem como afetados por um déficit radical. Nesses dois polos extremos definem-se, no sentido estrito, dois extremismos: um extremismo infrapolítico da classe, isto é, da incorporação social das classes políticas, e um extremismo ultrapolítico de não-classe, extremismos opostos que a homonímia da classe e da não-classe permite que se fundam numa única figura terrorista.

Como *verdade* da mentira política, o conceito de classe torna--se portanto a figura central de uma metapolítica, pensada, segundo um dos dois sentidos do prefixo, como um *além* da política. Mas a metapolítica entende-se simultaneamente segundo o outro sentido do prefixo, que é o de um *acompanhamento*. Acompanhamento científico da política, em que a redução das formas da política às forças da luta de classes vale antes de tudo como *verdade da mentira* ou verdade da ilusão. Mas também acompanhamento "político" de toda e qualquer forma de subjetivação, que coloca como sua verdade "política" escondida a luta de classes que ela desconhece e não pode não desconhecer. A metapolítica pode ir prender-se a qualquer fenômeno como demonstração da verdade de sua falsidade. Para essa verdade da falsidade, o gênio de Marx inventou uma palavra-chave que toda a modernidade adotou, mesmo que às vezes voltando-a contra ele. Chamou-a de *ideologia*. Ideologia não é apenas uma palavra nova para designar o simulacro ou a ilusão. Ideologia é a palavra que assinala o estatuto inédito da verdade forjada pela metapolítica: a verdade enquanto verdade do falso. Não a clareza da ideia em face da obscuridade das aparências; não a verdade como indício de si mesma e da falsidade, mas, ao contrário, a verdade da qual só o falso é indício; a verdade que nada mais é que a evidenciação da falsidade, a verdade como parasitagem universal. *Ideologia* é então tudo menos um nome novo para uma velha noção. Ao inventá-la, Marx inventa para um tempo — que dura ainda — um regime sem precedentes do verdadeiro e uma conexão inédita entre o verdadeiro e o político. Ideologia é o nome da distância indefinidamente denunciada das palavras e das coisas, o operador conceitual que organiza as junções e as disjunções entre os elementos do dispositivo político moderno. Alternativamente, permite reduzir a aparência política do povo a ilusão, recobrindo a realidade do conflito, ou, ao contrário, denunciar os nomes do povo e as manifestações de seu litígio como velharias que retardam o advento dos interesses comuns. Ideologia é o nome que liga a produção do político à sua eliminação, que designa a distância das palavras às coisas como falsidade na política sempre transformável em falsidade da política. Mas é também o conceito pelo qual se declara que qualquer coisa pertence à política, à demonstração "política" de sua falsidade. É, em suma, o conceito onde toda política se anula, seja por sua evanescência proclamada, seja, ao contrário, pela afirmação de que tudo é política, o que significa dizer que nada o é, que a política é apenas o modo parasitário da verdade. Ideologia é, definitivamente, o termo que permite sempre deslocar o lugar do político até seu limite: a declaração de seu fim. O que se chama, em linguagem policial, "o fim do político" não é talvez nada mais que o remate do processo pelo qual a metapolítica, enrolada no coração do político e enrolando em volta de qualquer coisa o nome de "político", esvazia-o desde o seu interior, e faz desaparecer, em nome da crítica de toda aparência, o dano constitutivo do político. No final do processo, o dano, depois de ter passado pelo abismo de sua absolutização, é trazido de volta à iteração infinita da verdade da falsidade, à pura manifestação de uma verdade vazia. A política que ele fundava pode então identificar-se ao inatingível paraíso original onde indivíduos e grupos utilizam a palavra, que é o próprio do homem, para conciliar seus interesses particulares no reino do interesse geral. O fim da política que se pronuncia no túmulo dos marxismos policiais é, em suma, apenas a outra forma, a forma capitalista e "liberal" da metapolítica marxista. O "fim da política" é o estágio supremo da parasitagem metapolítica, a afirmação última do vazio de sua verdade. O "fim da política" é a realização da filosofia política.

Mais exatamente, o "fim da política" é o fim da relação tensa da política e da metapolítica que caracterizou a era das revoluções democráticas e sociais modernas. Essa relação tensa se estabeleceu na interpretação da diferença entre homem e cidadão, povo sofredor/trabalhador e povo soberano. Há, de fato, duas grandes maneiras de pensar e de tratar essa distância. A primeira é a da metapolítica. Esta vê na distância a denúncia de uma identificação impossível, o sinal da não-verdade do povo ideal da soberania. Define como democracia formal o sistema das inscrições jurídicas e das instituições governamentais fundado no conceito da soberania do povo. Assim caracterizada, a "forma" é oposta a um conteúdo virtual ou ausente, à realidade de um poder que pertenceria realmente à comunidade popular. A partir daí seu sentido pode variar desde a simples ilusão que mascara a realidade do poder e do desapossamento até o modo de apresentação necessário de uma contradição social ainda não suficientemente desenvolvida. Em todos os casos, a interpretação metapolítica da diferença do povo em relação a si mesmo cinde em duas toda cena política: há aqueles que jogam o jogo das formas — da reivindicação dos direitos, da batalha pela representação etc. — e os que conduzem a ação destinada a fazer desvanecer esse jogo das formas; de um lado, o povo da representação jurídico-política, do outro, o povo do movimento social e operário, o ator do movimento verdadeiro que suprime as aparências políticas da democracia.

A essa interpretação metapolítica da distância entre o homem e o cidadão, entre o povo laborioso e o povo soberano, opõe-se a interpretação política. Que o povo seja diferente de si mesmo não é, para a política, um escândalo que se precise denunciar. É a condição primeira de seu exercício. Há política desde que exista a esfera de aparência de um sujeito *povo* cuja propriedade consiste em ser diferente de si mesmo. Logo, do ponto de vista político, as inscrições da igualdade que figuram nas Declarações dos Direitos do Homem ou nos preâmbulos dos Códigos e das Constituições, as que materializam tal ou qual instituição ou que estão gravadas no frontão de seus edifícios, não são "formas" desmentidas por seu conteúdo ou "aparências" feitas para esconder a realidade. São um modo efetivo do aparecer do povo, o mínimo de igualdade que se inscreve no campo da experiência comum. O problema não é acusar a diferença entre essa igualdade existente e tudo o que a desmente. Não se trata de desmentir a aparência, mas ao contrário de confirmá-la. Lá onde está inscrita a parte dos sem-parte, por frágeis e fugazes que sejam essas inscrições, é criada uma esfera do aparecer do *demos*, existe um elemento do *kratos*, da potência do povo. O problema está em ampliar a esfera desse aparecer, em aumentar essa potência.

Aumentar essa potência quer dizer criar casos de litígio e mundos de comunidade do litígio mediante a demonstração, sob tal ou qual especificação, da diferença entre o povo e ele mesmo. Não há, de um lado, o povo ideal dos textos fundadores e, do outro lado, o povo real das oficinas e dos subúrbios. Há um lugar de inscrição da potência do povo e lugares onde essa potência é considerada sem efeito. O espaço do trabalho ou o espaço doméstico não desmentem a potência inscrita nos textos. Para desmenti-la, teriam primeiro de confirmá-la, e seria preciso que fossem concernidos por ela. Ora, segundo a lógica policial, ninguém *vê* como e por que o seriam. O problema é portanto construir uma relação visível com a não-relação, um efeito de uma potência que supostamente não tem efeito. Não se trata mais de interpretar no modo sintomatológico a diferença de um povo com outro. Trata-se de interpretar, no sentido teatral da palavra, a distância entre um lugar onde o *demos* existe e um lugar onde ele não existe, onde só há populações, indivíduos, empregadores e empregados, chefes de família e esposas etc. A política consiste em interpretar essa relação, quer dizer, primeiramente constituir sua dramaturgia, inventar o argumento no duplo sentido, lógico e dramático, do termo, que coloca em relação o que não tem relação. Essa invenção não é nem obra do povo soberano e de seus "representantes", nem obra do não-povo/povo do trabalho e de sua "tomada de consciência". Ela é obra do que se poderia chamar um terceiro povo — que opera sob esse nome ou sob algum outro — que liga um litígio particular à contagem dos incontados. *Proletário* foi o nome privilegiado sob o qual se deu essa ligação. Isto é, que esse nome de "classe que não é classe" que, na metapolítica, valeu como o próprio nome da verdade da ilusão política, valeu, na política, como um desses nomes de sujeito que organizam um litígio: não o nome de uma vítima universal, antes o nome de um sujeito universalizante do dano. Valeu como nome de um modo de subjetivação política. Em política, um sujeito não tem corpo consistente, ele é um ator intermitente que tem momentos, lugares, ocorrências e cujo caráter próprio é inventar, no duplo sentido, lógico e estético, desses termos, *argumentos* e *demonstrações* para colocar em relação a não-relação e dar lugar ao não-lugar. Essa invenção opera em formas que não são as "formas" metapolíticas de um "conteúdo" problemático, mas as formas de um aparecer do povo que se opõe à "aparência" metapolítica. E, da mesma maneira, o "direito" não é o atributo ilusório de um sujeito ideal, é o argumento de um dano. Já que a declaração igualitária existe em algum lugar, é possível efetuar a sua potência, organizar seu encontro com a distribuição ancestral comum dos corpos colocando a questão: tal ou qual tipo de relação está compreendido ou não na esfera de manifestação da igualdade dos cidadãos? Quando operários franceses, no tempo da monarquia burguesa, fazem a pergunta: "São os operários franceses cidadãos franceses?", isto é: "têm os atributos reconhecidos pela Carta real aos franceses iguais perante a lei?", ou então, quando suas "irmãs" feministas, no tempo da República, fazem a pergunta: "As francesas estão incluídas entre os 'franceses' detentores do sufrágio *universal*?", uns e outros partem realmente da distância entre a inscrição igualitária da lei e os espaços em que a desigualdade faz lei. Mas não concluem daí, de forma alguma, pelo não-lugar do texto igualitário. Ao contrário, inventam-lhe um novo lugar: o espaço polêmico de uma demonstração que mantém juntas a igualdade e sua ausência. A demonstração, como vimos, exibe ao mesmo tempo o texto igualitário e a relação desigualitária. Mas também, por essa própria exibição, pelo fato de dirigir-se a um interlocutor que não reconhece a situação de interlocução, faz como se ela se exercesse numa comunidade cuja inexistência ela, ao mesmo tempo, demonstra. Ao jogo metapolítico da aparência e de seu desmentido, a política democrática opõe essa prática do *como se* que constitui as formas de aparecer de um sujeito e que abre uma comunidade estética, à maneira kantiana, uma comunidade que exige o consentimento daquele mesmo que não a reconhece.

Sob os mesmos nomes, o movimento social e operário moderno apresenta assim o entrelaçamento de duas lógicas contrárias. Sua palavra-chave, a de proletário, designa dois "sujeitos" muito diferentes. Do ponto de vista metapolítico, designa o operador do movimento verdadeiro da sociedade que denuncia e deve fazer es-

Da arquipolítica à metapolítica   103

tilhaçar as aparências democráticas da política. Dessa forma, a classe desclassificadora, a "dissolução de todas as classes", tornou-se o sujeito de uma reincorporação do político no social. Ela serviu para edificar a figura mais radical da ordem arquipolicial. Do ponto de vista político, é uma ocorrência específica do *demos*, um sujeito democrático, que opera uma demonstração de sua potência na construção de mundos de comunidade litigiosa, que universaliza a questão da contagem dos incontados, além de qualquer acerto, aquém do dano infinito. "Operário" e "proletário" foram assim os nomes de atores de um duplo processo: atores da política democrática, que expõem e tratam a distância entre o povo e ele mesmo; e figuras metapolíticas, atores do "movimento real" colocado como dissipador da aparência política e de sua forma suprema, a ilusão democrática. A metapolítica veio inserir sua relação entre aparência e realidade em todas as formas de litígio do povo. Mas a recíproca também é verdadeira: para construir suas argumentações e suas manifestações, para pôr em relação as formas de visibilidade do *logos* igualitário com seus lugares de invisibilidade, o movimento social e operário teve de reconfigurar as relações do visível e do invisível, as relações entre os modos do fazer, os modos do ser e os modos do dizer que operam em favor dos trabalhadores e de sua palavra. Mas, para fazer isso, não deixou de retomar as argumentações metapolíticas que ligam o justo e o injusto aos jogos da verdade "social" e da falsidade "política". A metapolítica interpretava como sintomas de não-verdade as formas da distância democrática. Mas não deixou de ser ela mesma reinterpretada, de dar matéria e forma a outras maneiras de estabelecer a distância e de aboli-la.

O dispositivo de conjunto dessas entre-interpretações tem um nome. Chama-se o *social*. Se as relações da polícia e da política são determinadas por algumas palavras-chave, alguns homônimos maiores, pode-se dizer que o *social*, na modernidade, foi o homônimo decisivo que fez que diversas lógicas e entrelaçamentos de lógicas se juntassem e se separassem, se opusessem e se confundissem. Os autoproclamados "restauradores" do político e de "sua" filosofia se comprazem na oposição do político e de um social que teria indevidamente usurpado suas prerrogativas. Mas o social foi precisamente, na época moderna, o lugar onde se jogou a política, o próprio nome que ela tomou, lá onde ela não foi simplesmente identificada à ciência do governo e aos meios de se apoderar dele. Esse nome é, na verdade, semelhante ao de sua negação. Mas toda política trabalha sobre o homônimo e o indiscernível. Toda política trabalha também à beira de seu perigo radical, que é a incorporação policial, a realização do sujeito político como corpo social. A ação política mantém-se sempre no intervalo, entre a figura "natural", a figura policial da incorporação de uma sociedade dividida em órgãos funcionais e a figura limite de uma incorporação arquipolítica ou metapolítica diferente: a transformação do sujeito que serviu à desincorporação do corpo social "natural" num corpo glorioso da verdade. A época do "movimento social" e das "revoluções sociais" foi aquela em que o social teve todos esses papéis. Foi, a princípio, o nome policial da distribuição dos grupos e das funções. Foi, ao contrário, o nome sob o qual dispositivos políticos de subjetivação vieram contestar a naturalidade desses grupos e dessas funções, fazendo computar a parte dos sem-parte. Foi, enfim, o nome metapolítico de uma *verdade* da política, verdade que assumiu, ela própria, duas formas: a positividade do movimento real chamado a encarnar-se como princípio de um novo corpo social, mas também a pura negatividade da demonstração interminável da verdade da falsidade. O social foi o nome comum de todas essas lógicas e ainda o nome de seu entrelaçamento.

Isso quer dizer também que a "ciência social", acusada por uns de ter fraudulosamente introduzido sua empiricidade nas alturas reservadas da filosofia política, louvada pelos outros por ter desmistificado os conceitos supostamente elevados dessa filosofia, foi na verdade a própria forma de existência da filosofia política na era das revoluções democráticas e sociais. A ciência social foi a última forma assumida pela relação tensa da filosofia e da política e pelo projeto filosófico de realizar a política, suprimindo-a. Esse conflito e esse projeto se fizeram nos avatares da ciência marxista ou da sociologia durkheimiana ou weberiana, muito mais que nas formas supostamente puras da filosofia política. A metapolítica marxista definiu a regra do jogo: o deslocamento entre o verdadeiro corpo social escondido sob a aparência política e a afirmação

Da arquipolítica à metapolítica

interminável da verdade científica da falsidade política. A arquipolítica platônica deu à primeira ciência social seu modelo: a comunidade orgânica, definida pela boa engrenagem de suas funções sob o governo de uma religião nova da comunidade. A parapolítica aristotélica deu à sua segunda era o modelo de uma comunidade sabiamente distanciada de si mesma. A última era da sociologia, que é também o último avatar da filosofia política, é a exposição da pura regra do jogo: era do vazio, já foi dito, era em que a verdade do social está reduzida à da parasitagem infinita da verdade vazia. Os sociólogos da terceira era às vezes chamam isso de "fim do político". Talvez agora estejamos em condições de compreender: esse "fim do político" é estritamente idêntico ao que os remendões da "filosofia política" chamam "volta do político". Voltar à pura política e à pureza da "filosofia política" tem hoje um único sentido. Significa voltar a aquém do conflito constitutivo da política moderna como do conflito fundamental da filosofia e da política, voltar a um grau zero da política e da filosofia: idílio teórico de uma determinação filosófica do bem que a comunidade política teria por tarefa realizar; idílio político da realização do bem comum pelo governo esclarecido das elites apoiado na confiança das massas. A volta "filosófica" da política e seu "fim" sociológico são uma única e mesma coisa.

DEMOCRACIA OU CONSENSO

A esse estado idílico do político dá-se geralmente o nome de democracia consensual. Tentaremos mostrar aqui que esse conceito é, com todo o rigor, a conjunção de termos contraditórios. Proporemos portanto, para refletir sobre esse objeto mais singular do que parece, o nome de pós-democracia. A justificativa desse nome se dá somente com a explicitação de alguns paradoxos inerentes ao discurso hoje dominante sobre a democracia.

De um lado, ouvimos por toda parte proclamar-se o triunfo da democracia, correlativo do desabamento dos chamados sistemas totalitários. Esse triunfo seria duplo. Seria, primeiro, uma vitória da democracia, entendida como regime político, sistema das instituições que materializam a soberania popular, sobre seu adversário, a prova de que esse regime é ao mesmo tempo o mais justo e o mais eficaz. A falência dos chamados Estados totalitários é de fato uma falência em relação ao que era sua legitimação última: o argumento de eficiência, a capacidade do sistema para fornecer as condições materiais de uma comunidade nova. Resulta daí uma legitimação reforçada do chamado regime democrático: a ideia de que ele garante num mesmo movimento as formas políticas da justiça e as formas econômicas de produção da riqueza, de composição dos juros e de otimização dos ganhos para todos. Mas é também, ao que parece, uma vitória da democracia, como prática do político a seus próprios olhos. A sombra de uma dúvida persistente da democracia sobre si mesma sempre pairou sobre a história do movimento democrático ocidental. Esta se resumiu na oposição marxista entre democracia formal e democracia real, oposição metapolítica muitas vezes interiorizada na própria condução do litígio político. A democracia nunca deixou de estar sob suspeita até aos olhos dos próprios democratas. Aqueles que lutavam com mais vigor pelos direitos democráticos eram muitas vezes os primeiros a suspeitar que esses direitos eram apenas formais, não eram mais que a sombra da verdadeira democracia. Ora, a falência do sistema totalitário parece levantar finalmente a hipoteca de uma democracia "real" que alimentava a suspeita sobre a democracia. A partir desse momento, parece possível enaltecer sem reservas as formas da democracia — entendidas como os dispositivos institucionais da soberania do povo —, identificar simplesmente democracia e Estado de direito, Estado de direito e liberalismo, e reconhecer na democracia a figura ideal de uma realização da *physis* do homem que empreende e deseja enquanto *nomos* comunitário.

Esse sucesso da democracia é atribuído de bom grado à retirada de uma segunda hipoteca, aquela colocada pela ideia de povo. A democracia hoje renunciaria a colocar-se como o poder do povo. Ela abandonaria a dupla figura do povo que pesou sobre a política na era das revoluções modernas: a identificação rousseauniana do povo ao sujeito da soberania, e a identificação marxista — e mais amplamente socialista — ao trabalhador como figura social empírica e ao proletário ou produtor como figura de uma superação da política em sua verdade. Diz-se que esse povo sobredeterminado obstava o verdadeiro contrato político, aquele pelo qual os indivíduos e os grupos concordam acerca das formas jurídico-políticas capazes de garantir a coexistência de todos e a participação ótima de cada um nos bens da coletividade.

Tal é, grosso modo, o esquema de legitimação da democracia que funciona como balanço da catástrofe totalitária. Ora, esse esquema esbarra num paradoxo. Normalmente, a ruína dos "mitos" do povo e da democracia "real" deveria levar à reabilitação da democracia "formal", ao reforço da adesão aos dispositivos institucionais da soberania do povo e principalmente às formas do controle parlamentar — não é de modo nenhum o que acontece. No sistema político francês, por exemplo, observa-se uma degradação contínua da representação parlamentar, a extensão dos poderes políticos de instâncias não-responsabilizáveis (peritos, juízes, comissões...), o crescimento do campo reservado ao presidente e de uma concepção carismática da figura presidencial. O paradoxo é o seguinte: na época em que as instituições da representação parlamentar eram contestadas, em que prevalecia a ideia de que elas eram "apenas formas", eram no entanto objeto de uma vigilância militante bem superior. E vimos gerações de militantes socialistas e comunistas lutarem ferozmente por uma Constituição, direitos, instituições e funcionamentos institucionais dos quais diziam, por outro lado, que exprimiam o poder da burguesia e do capital. Hoje, a situação se acha invertida e a vitória da chamada democracia formal vem acompanhada por um sensível esvaziamento e desafeição por suas formas. O espírito do tempo propõe, é verdade, sua resposta a esse paradoxo. Segundo ele, a sabedoria democrática não seria tanto a atenção escrupulosa a instituições que garantem o poder do povo por meio de instituições representativas, mas a adequação das formas de exercício do político ao modo de ser de uma sociedade, às forças que a movem, às necessidades, interesses e desejos entrecruzados que a tecem. Seria a adequação aos cálculos de otimização que se operam e se entrecruzam no corpo social, aos processos de individualização e às solidariedades que eles mesmos impõem.

Essa resposta coloca dois problemas. O primeiro liga-se a seu estranho parentesco com o argumento da democracia "real". No momento em que se proclama a perempção do marxismo e a falência da submissão do político ao econômico, vê-se que os chamados regimes de democracia liberal retomam uma espécie de marxismo rasteiro, em cujos termos a política é expressão de um certo estado do social e é o desenvolvimento das forças produtivas que faz o conteúdo substancial de suas formas. O sucesso proclamado da democracia acompanha-se de uma redução desta a um certo estado das relações sociais. O sucesso da democracia consistiria então em que ela ache, nas nossas sociedades, uma coincidência entre sua forma política e seu ser sensível.

Mas o paradoxo assume então uma forma diferente. Essa identificação da democracia a seu ser-sensível manifestar-se-ia sob a forma privilegiada do esvaziamento e da "desafeição", da insensibilidade à forma de representação desse ser-sensível. A democracia remeteria a um certo vivido, uma forma da experiência sensível, mas uma forma da experiência sensível que a seus próprios olhos não foi sentida: como se houvesse paixão somente pela ausência; como se a democracia — tal qual o amor no discurso de Lísias — só conseguisse ter efeito a custo de se esvaziar de seu sentimento próprio. O problema é que a ausência é sempre preenchida e que ao paradoxo da forma esvaziada corresponde, nas nossas sociedades, uma volta, sob forma imprevista, do povo que se tinha enterrado. O povo sempre aparece ali onde é declarado extinto. E, no lugar do povo rousseauniano e do povo marxista, que foram expulsos, aparece mais ou menos em toda a parte um povo étnico, fixado como identidade a si, como corpo uno e constituído contra o outro.

No âmago desses paradoxos recoloca-se portanto, com insistência, a questão das "formas" da democracia e do que "forma" nelas quer dizer. Tudo se passa como se o liberalismo dito reinante compartilhasse a visão do marxismo, tido como morto: a que pensa as formas da política no par conceitual de forma e conteúdo, aparência política e realidade social; que define o jogo do político e do social como uma relação entre um sistema de instituições e um movimento de energias de indivíduos e de grupos que se encontrariam mais ou menos adequadamente expressos nesse sistema. A metapolítica marxista oscilava entre uma teoria da forma-expressão e uma teoria da aparência-máscara. O discurso oficial da democracia triunfante, por sua vez, só reabilita a "forma" enquanto forma esvaziadacorrespondente a um conteúdo evanescente, com o risco de suscitar um platonismo barato que opõe de novo o espírito republicano da comunidade ao vale-tudo dos pequenos prazeres democráticos.

Para sair desses debates que subempreitam de certa forma os restos da "filosofia política", é melhor voltar às suas questões primeiras. A democracia provocou inicialmente a filosofia política porque ela não é um conjunto de instituições ou um tipo de regime entre outros, mas uma maneira de ser do político. A democracia não é o regime parlamentar ou o Estado de direito. Não é mais um estado do social, o reino do individualismo ou o das massas. A democracia é, em geral, o modo de subjetivação da política — se por política entende-se coisa diferente da organização dos corpos em comunidade e da gestão dos lugares, poderes e funções. Mais precisamente, democracia é o nome de uma interrupção singular dessa ordem da distribuição dos corpos em comunidade que nos propusemos conceituar sob o conceito ampliado de polícia. É o nome daquilo que vem interromper o bom funcionamento dessa ordem por um dispositivo singular de subjetivação.

Esse dispositivo se resume nos três aspectos já definidos. Primeiro, a democracia é o tipo de comunidade que é definida pela existência de uma esfera de aparência específica do povo. A aparência não é a ilusão que se opõe ao real. É a introdução, no campo da experiência, de um visível que modifica o regime do visível. Ela não se opõe à realidade, ela a divide e a refigura como duplo. Tanto assim que a primeira batalha da "filosofia política" contra a democracia foi a polêmica platônica contra a *doxa*, isto é, a assimilação do visível próprio do *demos* ao regime da não-verdade.

Segundo, o povo que ocupa essa esfera de aparência é um "povo" de um tipo particular, que não é definível por propriedades do tipo étnico, que não se identifica a uma "parte" sociologicamente determinável de uma população nem à soma dos grupos que constitui essa população. O povo por intermédio do qual há democracia é uma unidade que não consiste em nenhum grupo social mas sobreimpõe, ao cálculo das "partes" da sociedade, a efetividade de uma parte dos sem-parte. A democracia é a instituição de sujeitos que não coincidem com "partes" do Estado ou da sociedade, sujeitos flutuantes que transtornam toda representação dos lugares e das partes. Pode-se, sem dúvida, evocar aqui essa "indeterminação" democrática conceituada por Claude Lefort.[49] Mas não há nenhuma razão para identificar essa indeterminação a uma espécie de catástrofe do simbólico ligada à desincorporação revolucionária do "duplo corpo" do rei. É preciso desligar a interrupção e a desidentificação democráticas dessa dramaturgia sacrificial que liga originariamente a emergência democrática aos gran-

---

[49] Cf. em especial *Essais sur le politique*, Paris, Seuil, 1986 [ed. bras.: *Pensando o político: ensaios sobre democracia, revolução e liberdade*, Rio de Janeiro, Paz e Terra, 1991].

des espectros da reincorporação terrorista e totalitária de um corpo dilacerado. Não é em primeiro lugar o rei, mas o povo, que tem um duplo corpo. E essa dualidade não é a dualidade cristã do corpo celeste e do corpo terrestre. É a dualidade do corpo social e de um corpo que vem deslocar toda identificação social.

Terceiro, o lugar da aparência do povo é o lugar da condução de um litígio. O litígio político se diferencia de todo conflito de interesses entre partes constituídas da população, já que é um conflito sobre a própria contagem das partes. Não é uma discussão entre sócios, mas uma interlocução que põe em jogo a própria situação de interlocução. A democracia institui portanto comunidades de um tipo específico, comunidades polêmicas que põem em jogo a própria oposição das duas lógicas, a lógica policial da distribuição dos lugares e a lógica política do traço igualitário.

As *formas* da democracia não são outra coisa senão as formas de manifestação desse dispositivo ternário. Há democracia se existir uma esfera específica de aparência do povo. Há democracia se houver atores específicos da política que não são nem agentes do dispositivo de Estado nem partes da sociedade, se houver coletivos que removam as identificações em termos de partes do Estado ou da sociedade. Há democracia, enfim, se houver um litígio conduzido sobre o palco de manifestação do povo por um sujeito não-identitário. As formas da democracia são as formas de manifestação dessa aparência, dessa subjetivação não-identitária e dessa condução do litígio. Essas formas de manifestação têm efeitos sobre os dispositivos institucionais *do* político e se servem de qualquer um desses dispositivos. Produzem inscrições da igualdade e discutem sobre as inscrições existentes. Não são, portanto, de forma alguma indiferentes à existência de assembleias eleitas, de garantias institucionais das liberdades de exercício da palavra e de sua manifestação, nem de dispositivos de controle do Estado. Elas encontram neles as condições de seu exercício e em troca os modificam. Mas não se identificam com eles, muito menos com modos de ser dos indivíduos. A democracia não é a era dos indivíduos ou a das massas. A correspondência entre um tipo de instituição e um tipo de individualidade não é uma descoberta da sociologia moderna. Foi Platão, como se sabe, quem a inventou. E é clara-

112   O desentendimento

mente a prescrição arquipolítica de concordância entre a alma e a cidade bem governada que comanda a descrição da concordância entre o caráter do indivíduo democrático e o de sua cidade. Em outras palavras, a ideia de que a democracia é um regime de vida coletiva que exprime um *caráter*, um regime de vida dos indivíduos democráticos, pertence ela mesma à repressão platônica da singularidade democrática, à repressão da própria política. Isso porque as formas da democracia não são outra coisa senão as formas de constituição da política como modo específico de um estar-junto humano. A democracia não é um regime ou um modo de vida social. É a instituição da própria política, o sistema das formas de subjetivação por meio das quais toda ordem de distribuição dos corpos em funções correspondentes a sua "natureza" e em lugares correspondentes a suas funções é constantemente colocada em questão e devolvida à sua contingência. E não é, como já dissemos, o seu *ethos*, a sua "maneira de ser" que dispõe os indivíduos para a democracia e sim a ruptura desse *ethos*, a distância experimentada pela capacidade do ser falante em face de toda harmonia "ética" do fazer, do ser e do dizer. Toda política é democrática nesse sentido preciso: não o sentido de um conjunto de instituições, mas o de formas de manifestação que confrontam a lógica da igualdade com a da ordem policial. É a partir daí que entenderemos aqui a noção de pós-democracia. Não entenderemos por esse termo o estado de uma democracia que se desiludiu tristemente de suas esperanças ou que aboliu felizmente suas ilusões. Não procuraremos aí um conceito da democracia na idade pós-moderna. Esse termo nos servirá apenas para designar a prática consensual do apagamento das formas do agir democrático. A pós-democracia é a prática governamental e a legitimação conceitual de uma democracia de *depois* do *demos*, de uma democracia que liquidou a aparência, o erro na conta e o litígio do povo, redutível portanto ao jogo único dos dispositivos de Estado e das composições de energias e de interesses sociais. A pós-democracia não é uma democracia que encontrou no jogo das energias sociais a verdade das formas institucionais. É um modo de identificação, entre os dispositivos institucionais e a disposição das "partes" e das partes da sociedade, apto a fazer desaparecer o sujeito e o agir próprio da democracia.

Democracia ou consenso

É a prática e o pensamento de uma adequação, sem resto, entre as formas do Estado e o estado das relações sociais.

Tal é o sentido do que se chama "democracia consensual". Para o idílio reinante, a democracia consensual é a concordância racional dos indivíduos e dos grupos sociais, que compreenderam que o conhecimento do possível e a negociação entre parceiros são, para cada "parte", uma maneira de obter a melhor parte que a objetividade dos dados da situação lhe permite esperar, e que é preferível ao conflito. Mas para que as "partes" debatam em vez de se bater, é preciso primeiramente que existam como "partes", tendo de escolher entre duas maneiras de obter sua parte. Antes de ser a preferência dada à paz sobre a guerra, o consenso é um certo regime do sensível. É o regime em que as "partes" são pressupostas como já dadas, sua comunidade constituída e a contagem de sua palavra idêntica à sua performance linguística. O que o consenso pressupõe, portanto, é o desaparecimento de toda distância entre a "parte" de um litígio e a "parte" da sociedade. É o desaparecimento do dispositivo da aparência, do erro de conta e do litígio abertos pelo nome do povo e pelo vazio de sua liberdade. É, em suma, o desaparecimento da política. Ao dispositivo ternário da democracia, isto é, da política, opõe-se estritamente a proposição de um mundo em que tudo está à mostra, em que as "partes" se contam sem deixar resto e em que tudo pode se resolver pela objetivação dos problemas. O sistema dito consensual é a conjunção de um regime determinado da *opinião* com um regime determinado do *direito*, colocados um e outro como regimes de identidade da comunidade consigo mesma, sem resto. Como regime da *opinião*, a pós-democracia tem por princípio fazer desaparecer a aparência conturbada e perturbadora do povo, e sua contagem sempre falseada, por trás dos procedimentos de presentificação exaustiva do povo e de suas "partes" e de harmonização da contagem das "partes" e da imagem do todo. Sua utopia é a de uma contagem ininterrupta que presentifica o total da "opinião pública" como idêntico ao corpo do povo. O que é realmente a identificação da opinião democrática com o sistema das sondagens e das simulações? É, propriamente falando, a revogação da esfera de aparência do povo. A comunidade é, nessa identificação, inin-

114   O desentendimento

terruptamente apresentada a si mesma. O povo nunca mais é ímpar, incontável ou irrepresentável. Ele está sempre, a um só tempo, totalmente presente e totalmente ausente. Está inteiramente preso numa estrutura do visível que é aquela em que tudo se vê e em que não há portanto mais lugar para a aparência.

É importante esclarecer esse ponto, marcando uma distância em relação às análises da simulação e do simulacro empreendidas, em particular, por Jean Baudrillard. Estas nos mostraram um gigantesco processo de simulação sob o signo da exibição integral e permanente do real: tudo se vê, nada aparece, pois tudo já está sempre lá, idêntico à sua representação, idêntico à produção simulada de sua representação. O real e sua simulação são doravante indiscerníveis, o que equivale a dispensar um real que não precisa mais acontecer, estando sempre antecipado em seu simulacro. A partir daí, podem se distinguir dois tipos de interpretação dessa "perda do real". A primeira põe a ênfase na manipulação integral, que é o princípio de equivalência do real e da simulação.[50] A segunda saúda alegremente essa perda do real, como princípio de uma política nova.[51] A crer nela, a dominação da técnica midiática, que reduziria o mundo à sucessão de suas imagens, libertas da tirania do verdadeiro, é uma reversão da dominação técnica, a qual abole o mundo dos objetos arrazoados, mensurados e manipulados da metafísica, e abre o caminho para uma autêntica emancipação do múltiplo. A emancipação, na era marxista, fora pensada sob a insígnia do trabalho e da história, nos conceitos da metafísica e de seu universo de objetos manipulados. A nova emancipação seria concebida à imagem da reviravolta tecnológica e de sua destruição da metafísica. Ela liberaria a comunidade nova como multiplicidade de racionalidades locais e de minorias étnicas, sexuais, religiosas, culturais ou estéticas, afirmando sua identidade sobre o fundo da reconhecida contingência de toda identidade.

---

[50] Cf. as obras de Jean Baudrillard, e especialmente *L'illusion de la fin*, Paris, Galilée, 1992.

[51] Cf. Gianni Vattimo, *La société transparente*, Paris, Desclée de Brouwer, 1990.

Essas maneiras de conceituar a relação entre um estatuto do visível, uma imagem do mundo e uma forma do agir político parecem perder de vista um ponto decisivo. Esse ponto é que a lógica da simulação se opõe menos ao real e à fé realista do que à aparência e seus poderes. O regime do todo-visível, o da apresentação incessante a todos e a cada um de um real indissociável de sua imagem, não é a libertação da aparência. É, ao contrário, sua perda. O mundo da visibilidade integral organiza um real no qual a aparência não tem lugar para se dar e produzir seus efeitos de duplicação e de divisão. Pois a aparência, e em particular a aparência política, não é o que esconde a realidade mas o que a duplica, o que introduz nela objetos litigiosos, objetos cujo modo de apresentação não é homogêneo ao modo de existência usual dos objetos que nela são identificados. A identidade do real com sua reprodução e sua simulação é o não-lugar para a heterogeneidade da aparência, o não-lugar portanto para a constituição política de sujeitos não-identitários que perturbem a homogeneidade do sensível ao fazer ver juntos mundos separados, ao organizar mundos de comunidade litigiosa. A "perda do real" é, na realidade, uma perda da aparência. O que ela "libera" não é uma política nova do múltiplo contingente, é a figura policial de uma população exatamente idêntica à enumeração de suas "partes".

É exatamente isso o que é operado pela conjunção da proliferação midiática do visível indiferente e da ininterrupta apuração das opiniões sondadas e dos votos simulados. À aparência em geral ela opõe um regime homogêneo do visível. E, à aparência democrática do povo, ela opõe estritamente sua realidade simulada. Mas a realidade simulada não é de modo nenhum o poder do simulacro enquanto destruição do "mundo verdadeiro" e de seus avatares políticos. A realidade simulada é, muito mais, a reversão final da verdade própria à metapolítica. É a organização de uma relação especular da opinião consigo mesma, idêntica à efetividade do povo soberano e ao conhecimento científico dos comportamentos de uma população reduzida à sua amostra estatística. Esse povo presente sob a forma de sua redução estatística é um povo transformado em objeto de conhecimento e de previsão que afasta a aparência e suas polêmicas. A partir daí, podem instaurar-se procedimentos de contagem exaustiva. O povo é idêntico à soma de suas partes. A soma de suas opiniões é igual à soma das partes que o constituem. A conta é sempre par e sem resto. E esse povo absolutamente igual a si também sempre é passível de ser decomposto em seu real: suas categorias sócio-profissionais e suas faixas etárias. Por conseguinte, nada pode ocorrer sob o nome de povo a não ser a apuração das opiniões e dos interesses de suas partes enumeráveis com exatidão.

A conjunção do científico e do midiático não é, pois, o advento da contingência igualitária. É exatamente o seu oposto. É o estabelecimento da igualdade de qualquer pessoa com qualquer pessoa numa série de equivalências e de circularidades que constituem a forma mais radical de seu esquecimento. A igualdade de qualquer um com qualquer um torna-se a efetividade imediata de um povo soberano, ela mesma idêntica à modelização e à previsão científicas que operam sobre uma população empírica decupada em suas "partes" com exatidão. A igualdade de qualquer um com qualquer um torna-se idêntica à distribuição integral da população em suas "partes" e "subpartes". A efetividade do povo soberano se exerce como estritamente idêntica aos cálculos de uma ciência das opiniões da população, ou seja, também como unidade imediata da ciência e da opinião. A "ciência da opinião" não é, de fato, apenas a ciência que toma por objeto a "opinião". Ela é a ciência que se realiza imediatamente como opinião, a ciência que só tem sentido nesse processo de especularização em que uma opinião se vê no espelho que a ciência lhe apresenta de sua identidade consigo mesma. A unidade sem resto do povo soberano, da população empírica e da população cientificamente conhecida, é também a identidade da opinião com sua velha inimiga platônica, a ciência. O reino da "simulação" não é portanto a ruína da metafísica e da arquipolítica platônicas. É a paradoxal realização do programa delas: a comunidade governada pela ciência que coloca cada um em seu lugar, com a opinião que convém a esse lugar. A ciência das simulações de opinião é a realização perfeita da virtude vazia que Platão chamava *sophrosyné*: o fato de cada um estar em seu lugar, de fazer ali seu próprio negócio e de ter a opinião idêntica ao fato de estar nesse lugar e de só fazer ali o que há para fazer ali. Essa

Democracia ou consenso

virtude de identidade, segundo Platão, supunha que os simulacros dos espelhos e dos marionetistas fossem expulsos da cidade. Mas no espelho que a ciência da opinião dirige à opinião parece que *opinião* pode tornar-se o próprio nome do estar em seu lugar, que a especularidade pode tornar-se o regime de interioridade que alimenta cada cidadão e cada parte da comunidade com a imagem verdadeira do que eles são. A *sophrosyné* era essa virtude paradoxal que realizava em exterioridade, em termos de pura distribuição dos corpos, dos tempos e dos espaços, a lei de interioridade da comunidade. O espelho científico da opinião dá à *sophrosyné* sua interioridade como relação incessante — e relação verdadeira — da comunidade consigo mesma. Mediante essa especularização, o regime do cheio, o regime de interioridade da comunidade, é idêntico ao do vazio, do espaçamento do povo. O "cada um em seu lugar" pode então aparecer como estritamente idêntico à igualdade de qualquer pessoa com qualquer pessoa, realizando-se como o fato de "parte" da população não pensar em outra coisa, senão o que pensa essa "parte" da população ao exprimir sua parte de opinião. A "opinião" pós-democrática é a identidade do povo e da população, vivida como regime de interioridade de uma comunidade que se conhece como a identidade da ciência do todo e da opinião de cada um. A essa supressão da aparência do povo e de sua diferença com relação a si devem, então, corresponder processos de supressão do litígio pela problematização de todo objeto de litígio que poderia reanimar o nome do povo e as aparências de sua divisão. Essa é, com efeito, a grande transformação que o litígio do povo sofre com o desaparecimento de sua aparência e de seu erro de conta. Todo litígio, nesse sistema, torna-se o nome de um problema. E todo problema pode ser reduzido à simples falta — ao simples atraso — dos meios de sua solução. A manifestação do dano deve então ser substituída pela identificação e pelo tratamento da falta: objetivação dos problemas que a ação do Estado tem de conhecer, da margem de escolha que está incluída nela, dos saberes que estão empenhados nela, das "partes" do corpo social que estão implícitos nela e dos parceiros que devem ser constituídos para debatê-la. O interlocutor democrático era uma figura inédita, constituída para fazer ver o litígio e constituir suas "par-

118   O desentendimento

tes". O parceiro da pós-democracia, por sua vez, é identificado à "parte" existente da sociedade que a formulação de um problema implica em sua solução. Isso, supostamente, leva à formação da opinião no sentido de uma solução que se impõe por si como a mais racional, isto é, como a única, em absoluto, objetivamente possível.

Assim se afirma o ideal de uma adequação entre Estado gestor e Estado de direito pelo "ausentamento" do *demos* e das formas de litígio ligadas a seu nome e a suas diversas figuras. Uma vez dispensados os atores "arcaicos" do conflito social, não haveria mais obstáculo para essa concordância. Querendo colocar em harmonia os nomes e as coisas, o modelo consensual volta naturalmente a favorecer a velha definição cratiliana do *blaberon*: o *blaberon* é o que "para a corrente". As velhas figuras do dano e de sua subjetivação fazem obstáculo à livre correnteza do *sympheron* que, segundo sua etimologia, "leva junto" as mercadorias e as ideias, as pessoas e os grupos. A dissolução das figuras arcaicas do conflito permitiria a exata passagem do *sympheron* ao *dikaion*, a livre circulação do direito no corpo social, a crescente adequação entre a norma jurídica e a livre iniciativa econômica e social pela extensão dos direitos da economia e da sociedade, dos modos de vida e das mentalidades.

Assim o consenso, antes de ser a virtude razoável dos indivíduos e dos grupos que se põem de acordo para discutir seus problemas e compor seus interesses, é um regime determinado do sensível, um modo particular de visibilidade do *direito* como *arkhé* da comunidade. Antes de resolver os problemas dos parceiros sociais ajuizados, é preciso resolver o litígio no seu princípio, como estrutura específica de comunidade. É preciso colocar a identidade da comunidade consigo mesma e o reino do direito como idêntico à supressão do dano. Fala-se muito da extensão do Estado de direito e do campo do direito como característica de nossos regimes. Mas, para além da concordância sobre a ideia de que a regra é preferível ao arbitrário e a liberdade à servidão, resta saber quais fenômenos são exatamente designados por esses termos. Como cada uma das palavras implicadas na política, a palavra "direito" é o homônimo de coisas muito diferentes: disposições jurídicas dos

Democracia ou consenso

119

códigos e das maneiras de pô-las em prática, ideias filosóficas da comunidade e do que a funda, estruturas políticas do dano, modos de gestão policial das relações entre o Estado e os grupos e interesses sociais. A simples celebração do Estado de direito entra então em cômodos atalhos que permitem, em face do não-direito dos Estados arquipoliciais, unir todos esses "direitos" heterogêneos num único reino não-questionado do direito, feito da harmonia feliz entre a atividade legislativa do poder público, os direitos dos indivíduos e a inventividade processual dos escritórios de advocacia. Mas o reino *do* direito é sempre o reino de *um* direito, isto é, de um regime de unidade de todos os sentidos do direito, colocado como regime de identidade da comunidade. Hoje, a identificação entre democracia e Estado de direito serve para produzir um regime de identidade a si da comunidade, para fazer desaparecer a política sob um conceito do direito que a identifica ao espírito da comunidade.

Esse direito/espírito da comunidade manifesta-se hoje na circulação entre dois polos de identificação: um, onde ele representa a essência estável do *dikaion*, pelo qual a comunidade é ela mesma; outro, onde essa essência vem se identificar aos jogos múltiplos do *sympheron*, que constituem o dinamismo da sociedade. A extensão do jurídico assume, de fato, nos regimes ocidentais, duas formas principais, a montante e a jusante do poder governamental. A montante, desenvolve-se a submissão da ação legislativa a um poder jurídico especializado, a sábios/peritos que dizem o que está conforme ao espírito da constituição e à essência da comunidade que ela define. De bom grado, saudamos nisso uma refundação da democracia com base nos princípios fundadores do liberalismo, a submissão do político, na pessoa do Estado, à regra jurídica que encarna o contrato, que coloca em comunidade as liberdades individuais e as energias sociais. Mas essa pretensa submissão do estatal ao jurídico é antes uma submissão do político ao estatal pelo viés do jurídico, o exercício de uma capacidade de desapossar a política de sua iniciativa, pela qual o Estado se faz preceder e legitimar. Tal é o estranho modo de legitimação que as teorias à moda do Estado "modesto" encobrem. O Estado moderno, dizem, é um Estado modesto, um Estado que devolve ao jurídico,

120   O desentendimento

de um lado, ao social, do outro, tudo o que lhes tinha tomado. Mas é menos em relação a si mesmo que à política que o Estado exerce essa modéstia. O que ele tende a fazer desaparecer, por esse tornar-se-modesto, é bem menos seu aparelho que a cena política de exposição e de tratamento do litígio, a cena de comunidade que colocava juntos os mundos separados. Assim, a prática das "ações de inconstitucionalidade" é menos a submissão do legislativo e do executivo ao "governo dos juízes" do que a declaração do não-lugar da manifestação pública do litígio. Ela é, propriamente falando, uma *mimésis* estatal da prática política do litígio. Essa *mimésis* transforma a argumentação tradicional que dá ensejo à manifestação democrática, à distância da igualdade a si mesma, em problema da alçada de um saber de perito.

É essa *mimésis* que realmente ordena a dramaturgia ritual do recurso à instância constitucional suprema. O saber que é requerido do juiz supremo na verdade não é, de forma alguma, a ciência dos textos constitucionais e de suas interpretações. É a pura enunciação da identidade da igualdade consigo mesma em sua diferença. A arte jurídica daquele que recorre ao Tribunal Constitucional se reduz sempre a apresentar a lei ou o artigo de lei indesejável como contraditório não com esse ou aquele artigo da Constituição, mas com o próprio espírito da Constituição, ou seja, o princípio de igualdade tal como se exprime no artigo 1º da Declaração dos Direitos do Homem. A argumentação "jurídica" de inconstitucionalidade constrói, portanto, uma paródia do litígio democrático que punha o texto igualitário à prova dos casos de desigualdade. A argumentação do litígio, a construção da comunidade dividida, é caricaturada nesses considerandos que detectam, em todo artigo insignificante de uma lei indesejável, uma contradição com o princípio de igualdade, alma da Constituição. A essa transformação do litígio político em problema jurídico, o juiz constitucional pode então responder com uma lição de direito que nada mais é que o primeiro axioma da "filosofia política", o da diferença das igualdades, o qual, desde Platão, assim se enuncia: o princípio de igualdade é dar coisas semelhantes aos seres semelhantes, e coisas dessemelhantes aos seres dessemelhantes. A igualdade, diz a sabedoria dos juízes constitucionais, deve aplicar-se em qualquer circunstân-

Democracia ou consenso

cia (Declaração dos Direitos do Homem, artigo 1º), mas em condições diferentes autorizadas pela diferença das circunstâncias (artigo 6º da mesma declaração). Graças ao quê a lei se conforma à balança das duas igualdades, com exceção dos artigos que não lhe são conformes.

Essa sabedoria, que alivia a política de sua tarefa, tem um proveito duplo. Primeiramente, ela insere toda querela obscura — a composição dos conselhos universitários ou a idade de aposentadoria dos professores do Collège de France — no elemento de idealidade da relação da Declaração dos Direitos do Homem consigo mesma. A demonstração "jurídica" da identidade a si da alma da comunidade completa então a demonstração midiática/científica da identidade a si da opinião. Mas ela também dota o poder do Estado de uma forma de legitimidade muito específica. O Estado "modesto" é um Estado que torna a política ausente, que renuncia, em suma, àquilo que não lhe cabe — o litígio do povo — para aumentar sua propriedade, para desenvolver os processos de sua própria legitimação. O Estado hoje se legitima ao declarar impossível a política. E essa demonstração de impossibilidade passa pela demonstração de sua própria impotência. A pós-democracia, para tornar o *demos* ausente, deve tornar a política ausente, nas tenazes da necessidade econômica e da regra jurídica, até o ponto de unir uma e outra na definição de uma cidadania nova na qual a potência e a impotência de cada um e de todos venham a se igualar.

É o que mostra a outra forma hoje assumida pela extensão do jurídico, buscando o aval da ação do governo. Assistimos de fato a uma atividade de multiplicação e de redefinição dos direitos, empenhada em colocar direito, direitos, regra de direito e ideal jurídico em todos os circuitos da sociedade, em adaptar-se a todos os seus movimentos e em antecipá-los. Assim, o direito da família quer seguir e se possível antecipar as mentalidades e as moralidades novas e os laços desatados que estas definem, ao mesmo tempo em que envolvem os atores na resolução de seus problemas. Os direitos de propriedade correm sem parar ao encalço das propriedades imateriais ligadas às novas tecnologias. As comissões de sábios reunidas em nome da bioética prometem tornar claro ao legislador o ponto onde começa a humanidade do homem. Enquanto isso, os parlamentares votam leis para regulamentar os limites da corrupção no financiamento de seus partidos e uma lei para proibir os historiadores de falsificar a história.[52] Quanto ao direito do trabalho, ele tende a tornar-se "flexível", como o próprio trabalho. Ele quer adaptar-se a todos os movimentos da economia e a todas as inflexões do mercado do trabalho, esposar a identidade móvel de um trabalhador sempre passível de tornar-se um meio-trabalhador, um desempregado ou um quase-desempregado. Mas essa adaptação não é somente o rude realismo que constata que, para que os trabalhadores tenham direitos, é preciso primeiro que trabalhem e que, para que trabalhem, é preciso que consintam em cercear os direitos que impedem as empresas de lhes dar trabalho. Ela é também a transformação do direito em ideia do direito, e das partes, beneficiárias do direito e combatentes por seus direitos, em indivíduos proprietários de um direito idêntico ao exercício de sua responsabilidade de cidadão. O direito do trabalhador torna-se assim cidadania do trabalhador, que por sua vez se tornou parte interessada tanto da empresa coletiva quanto da que o emprega. E essa cidadania é suscetível de se envolver tanto num acordo de formação continuada ou num contrato de inserção no mercado de trabalho quanto nos quadros clássicos e conflituais do contrato de trabalho. À velha "rigidez" do direito e da batalha pelos direitos opõe-se a flexibilidade de um direito que é espelho da flexibilidade social, de uma cidadania que faz de cada indivíduo o microcosmo em que se reflete a identidade consigo mesma da comunidade das energias e das responsabilidades que se assemelham a direitos.

Todas essas extensões do direito e do Estado de direito são, antes de mais nada, a constituição de uma figura do direito na qual seu conceito, eventualmente, se desenvolve em detrimento de suas formas de existência. Elas são também extensões da capacidade do Estado perito [*État expert*] de tornar a política ausente ao su-

---

[52] Sobre a lei que criminaliza a negação dos crimes contra a humanidade ocorridos durante a Segunda Guerra Mundial, que entrou em vigor na França em 1990, ver "Os enunciados do fim e do nada", em *Políticas da escrita* (2ª ed., São Paulo, Editora 34, 2017, pp. 283 ss.) (N. da E.)

primir todo intervalo entre o direito e o fato. De um lado, o direito vem libertar o Estado da política da qual ele libertou o povo; do outro, ele vem colar-se a toda situação, a todo litígio possível, decompô-lo nos elementos de seu problema, e transformar as partes do litígio em atores sociais, refletindo como a lei de seu agir a identidade da comunidade consigo mesma. A extensão desse processo é a crescente identificação do real com o racional, do jurídico com o científico, do direito com um sistema de garantias que são, acima de tudo, as garantias do poder estatal, a garantia sempre reforçada de sua infalibilidade, da impossibilidade de que seja injusto, a não ser por erro, um erro contra o qual ele não cessa de se garantir através da consulta incessante aos peritos sobre a dupla legitimidade do que faz. Há então uma conjunção entre três fenômenos: a juridicização proliferante, as práticas de perícia generalizada e as da sondagem permanente. O direito e o fato tornam-se tão indiscerníveis quanto a realidade e a sua imagem, quanto o real e o possível. O Estado perito suprime todo intervalo de aparência, de subjetivação e de litígio em uma exata concordância da ordem do direito com a ordem dos fatos. Aquilo de que o Estado se desfaz ao ser constantemente averiguado, o que ele reconhece continuamente aos indivíduos e aos grupos em direitos sempre novos, ele readquire como legitimação. E a potência do direito se identifica cada vez mais com essa espiral de superlegitimação do Estado científico [*État savant*], na equivalência crescente da produção de relações de direito e da gestão dos equilíbrios mercantis, na recorrência permanente do direito e da realidade cujo termo final é a pura e simples identificação da "forma" democrática com a prática administrativa de submissão à necessidade mercantil. Em última instância, a prova do direito do poder estatal identifica-se com a prova de que ele nada faz além do que é possível fazer, nada além do que a estrita necessidade no contexto do enredamento crescente das economias no seio do mercado mundial recomenda.

A legitimidade do poder estatal se reforça assim pela própria afirmação de sua impotência, de sua falta de escolha diante da necessidade mundial que o domina. O tema da vontade comum é substituído pelo da ausência de vontade própria, de capacidade de ação autônoma que seja mais que a mera administração da necessidade. O liberalismo supostamente reinante retoma do marxismo, tido como caduco, o tema da necessidade objetiva, identificada às coerções e aos caprichos do mercado mundial. Que os governos sejam simples agentes de negócios do capital internacional, essa tese outrora escandalosa de Marx é hoje evidência em relação à qual "liberais" e "socialistas" estão de acordo. A identificação absoluta da política com a administração do capital não é mais o segredo vergonhoso que as "formas" da democracia viriam mascarar, é a verdade declarada com a qual nossos governos se legitimam. Nessa legitimação, a demonstração de capacidade deve apoiar-se numa demonstração de impotência. Aos sonhos de cozinheiras aptas ao exercício político ou de simples operários tomando de assalto o céu opõe-se a tese de um marxismo que sofreu uma reversão: a otimização das fruições dos indivíduos só é possível na base de sua reconhecida incapacidade em administrar as condições dessa otimização. O Estado funda então sua autoridade na capacidade de interiorizar a impotência comum, de determinar o ínfimo território, o "quase nada" do possível do qual depende a prosperidade de cada um e a manutenção do vínculo comunitário. De um lado, esse quase nada se coloca como tão pouco que nem vale a pena disputá-lo aos administradores da coisa estatal. Mas do outro, é colocado como a ínfima diferença decisiva que separa a prosperidade futura da miséria ameaçadora e o vínculo social do caos bem próximo, ínfima diferença por demais decisiva e por demais tênue para não ser deixada aos peritos, àqueles que sabem como, colocando 0,5% do Produto Interno Bruto de um lado e não do outro, passamos do lado bom para o lado ruim da linha, da prosperidade para o abismo, da paz social para a perda generalizada dos elos. A administração da abundância torna-se, assim, idêntica à administração da crise. Ela é a administração do único necessário possível que deve ser incessantemente, dia após dia, antecipado, acompanhado, ordenado, diferido. A administração do "quase nada" é também a demonstração ininterrupta da identidade entre o Estado de direito e o Estado científico, da identidade entre a potência desse Estado e sua impotência, a qual interioriza a identidade da grande potência dos indivíduos e dos grupos empreendedores e contratantes com a impotência do *demos* como ator político.

Democracia ou consenso

É essa identidade que deixam, igualmente, de perceber os analistas pessimistas ou otimistas da sociedade pós-industrial. Os primeiros denunciam a perda da ligação social provocada pelo esfacelamento das coerções e das legitimações coletivas, correlativa ao desencadeamento ilimitado do individualismo e do hedonismo democráticos. Os segundos exaltam, ao contrário, a concordância crescente entre a livre oferta de mercadorias, o livre sufrágio democrático e as aspirações do individualismo narcísico. O que significa que ambos estão de acordo quanto à descrição de um estado do vazio, um vazio das legitimações comunitárias, ainda que possam interpretá-lo como abismo hobbesiano da guerra de todos contra todos ou como liquidação final da arquipolítica da comunidade. Uns e outros deixam assim de perceber a equivalência entre o vazio e o cheio que caracteriza a metapolícia pós-democrática. O estado proclamado do vazio ou da perda das ligações é também um estado de saturação da comunidade pela apuração integral de suas partes e pela relação especular em que cada parte está engajada com o todo. Aos que deploram a perda da cidadania republicana, a lógica pós-democrática responde com a proclamação da cidadania generalizada. Assim a cidade é chamada a encarnar a identidade da civilização urbana com a comunidade da *pólis* animada por sua alma comunitária. A empresa-cidadã é chamada a exibir a identidade de sua energia produtora e apropriadora com a parte tomada da edificação da comunidade e a constituição de um microcosmo dessa comunidade. Através da cidadania local e da cidadania associativa, a requisição atinge o indivíduo, chamado a ser o microcosmo do grande todo barulhento da circulação e da troca ininterrupta dos direitos e das capacidades, dos bens e do Bem. No espelho de Narciso, é a essência dessa comunidade que se reflete. O "indivíduo" se vê ali, pedem-lhe que se veja ali como militante de si mesmo, pequena energia contratante, correndo de vínculo em vínculo e de contrato em contrato ao mesmo tempo que de fruição em fruição. O que se reflete através dele é a identidade da comunidade consigo mesma, a identidade das redes da energia da sociedade e dos circuitos da legitimação estatal.

Supondo que a lógica consensual leve a algum novo abismo da guerra de todos contra todos, suas razões são bem diferentes das invocadas pelos "pessimistas". O problema não é simplesmente que o "individualismo democrático" determina em cada indivíduo a expectativa de uma satisfação que seu Estado não lhe pode assegurar. É sobretudo que, ao proclamar a efetividade da identidade entre o Estado de direito e os direitos dos indivíduos, ao fazer de cada um o reflexo da alma da comunidade das energias e dos direitos, a lógica consensual insere por todo canto o limite da paz e da guerra, o ponto de ruptura em que a comunidade está exposta à demonstração de sua não-verdade. Ou seja, "desagregação" é um outro nome para essa saturação que não conhece outra forma do estar-em-comum a não ser o vínculo especular da satisfação individual à autodemonstração do Estado. Ele manifesta negativamente o fanatismo do vínculo que coloca indivíduos e grupos num tecido sem buracos, sem distância entre nomes e coisas, direitos e fatos, indivíduos e sujeitos, sem intervalos em que possam construir-se formas de comunidade do litígio, formas de comunidade não-especulares. Por aí se pode compreender que a doutrina do contrato e a ideia de uma "nova cidadania" achem hoje um terreno de conceituação privilegiado: o da terapêutica aplicada ao que se denomina "exclusão". É que a "luta contra a exclusão" é também o lugar conceitual paradoxal em que a exclusão se mostra como apenas um outro nome para consenso.

O pensamento consensual representa de forma cômoda o que ele chama de exclusão na relação simples de um dentro e de um fora. Mas o que está em jogo sob o nome de exclusão não é o estar-fora. É o modo da partilha segundo o qual um dentro e um fora podem estar juntos. E a "exclusão" de que se fala hoje é uma forma bem determinada dessa partilha. É a invisibilidade da própria partilha, o apagamento das marcas que permitem argumentar num dispositivo político de subjetivação a relação da comunidade e da não-comunidade. No tempo em que a lógica policial se exprimia sem disfarce, ela dizia, com Bonald, que "algumas pessoas estão na sociedade sem ser da sociedade" ou, com Guizot, que a política é coisa dos "homens de lazer".[53] Uma linha de partilha de-

---

[53] O autor reúne aqui duas figuras do pensamento conservador: Louis Gabriel Ambroise (1754-1840), Visconde de Bonald, adversário do Iluminis-

marcava, de um lado, o mundo privado do ruído, da escuridão e da desigualdade, do outro, o mundo público do *logos*, da igualdade e do sentido partilhado. A exclusão podia então ser simbolizada, ser construída polemicamente como relação de dois mundos e demonstração de sua comunidade litigiosa. Os incontados, ao exibir as linhas de partilha e apropriar-se por arrombamento da igualdade dos outros, podiam fazer-se contar. A "exclusão" hoje invocada é, ao contrário, a própria ausência de barreira representável. É estritamente idêntica à lei consensual. O que é o consenso senão a pressuposição de inclusão de todas as "partes" e de seus problemas, que proíbe a subjetivação política de uma parte dos sem-parte, de uma conta dos incontados? Todo mundo está incluído de antemão, cada indivíduo é célula e imagem da comunidade das opiniões iguais às partes, dos problemas redutíveis às carências e dos direitos idênticos às energias. Nessa sociedade "sem classes", a barreira é substituída por um *continuum* de posições que, do mais alto para o mais baixo, mimetiza a simples classificação escolar. A exclusão aí não se subjetiva mais, não se inclui mais. Para além de uma linha invisível, não subjetivável, sai-se do campo, e a partir daí contabiliza-se apenas o agregado dos carentes: agregado daqueles que não padecem simplesmente da falta de trabalho, de recursos ou de moradia, mas da falta de "identidade" e de "laços sociais", incapazes de ser esses indivíduos criativos e contratantes que devem interiorizar e refletir a grande performance coletiva. Para esses, o poder público faz então um esforço de saturação suplementar, destinado a preencher os vazios que, ao separá-los de si mesmos, os separam da comunidade. Na falta de um emprego que ele realmente não tem, o poder público se empenhará em lhes dar o suplemento de identidade e de laços que lhes faltam. Uma terapêutica individual de restauração das *identidades* vem juntar-se então a uma terapêutica social de reconstituição do tecido comunitário, para devolver a cada excluído a identidade de uma capacidade e de uma responsabilidade mobilizadas, para instaurar em todo *habitat* abandonado uma célula de responsabilidade co-

---

mo e dos ideais da Revolução Francesa, e François Guizot (1787-1874), historiador e político francês. (N. da E.)

letiva. O excluído e a periferia abandonada tornam-se então os modelos de um "novo contrato social" e de uma nova cidadania, edificados no próprio ponto em que a responsabilidade do indivíduo e a malha do laço social se desagregavam. Inteligências e coragens notáveis se empenham nisso com resultados nada desprezíveis. Resta a circularidade dessa lógica, que quer colocar em todo canto um suplemento de vínculos no social e de motivações no indivíduo, quando a perturbação de um e de outro é o efeito estrito desse empreendimento incessante de saturação e dessa solicitação incondicional de mobilização. Resta a demonstração da identidade exata da doença e da saúde, da norma de saturação do consenso e do desamparo das identidades doentes. A guerra de todos contra todos, a constituição de cada indivíduo em ameaça para a comunidade, são o estrito correlato da solicitação consensual da comunidade inteiramente realizada como identidade do povo e da população refletida em cada um. A supressão do dano reivindicada pela sociedade consensual é idêntica à sua absolutização.

Essa equivalência é ilustrada pela brutal intrusão das novas formas de racismo e de xenofobia em nossos regimes consensuais. Pode-se seguramente encontrar, para isso, todo tipo de razão econômica e sociológica: o desemprego que faz que se acuse o estrangeiro de tomar o lugar do autóctone, a urbanização selvagem, o desamparo das periferias e das cidades-dormitório. Mas todas essas causas "socioeconômicas" atribuídas a um fenômeno político designam, na verdade, entidades inscritas na questão política da partilha do sensível. A fábrica e seu desaparecimento, o trabalho como emprego e o trabalho como estrutura do estar-em-comum, o desemprego como falta de trabalho e o desemprego como "distúrbio de identidade", a distribuição e a redistribuição dos trabalhadores em espaços definidos pela distância em que estão do local de trabalho e os espaços da visibilidade do comum, tudo isso concerne à relação da configuração policial do sensível e das possibilidades de constituir nele a visibilidade de objetos litigiosos e de sujeitos do litígio. O caráter da combinação de todos esses elementos é próprio a um modo de visibilidade que neutraliza ou acusa a alteridade do estrangeiro. É desse ponto de vista que se pode discutir a simples inferência do número grande demais de imigrantes

Democracia ou consenso

para a sua rejeição. O limiar dessa rejeição não é, claramente, uma questão estatística. Há vinte anos os imigrantes não eram muito menos numerosos. Mas eles tinham um outro nome: chamavam-se trabalhadores imigrantes ou, simplesmente, operários. O imigrante de hoje é um operário que perdeu seu segundo nome, que perdeu a forma política de sua identidade e de sua alteridade, a forma de uma subjetivação política da conta dos incontados. Só lhe resta então uma identidade sociológica, a qual então tomba na nudez antropológica de uma raça e de uma pele diferentes. O que ele perdeu foi sua identidade com um modo de subjetivação do povo, o operário ou o proletário, objeto de um dano declarado *e* sujeito que formaliza seu litígio. É a perda do *um-a-mais* da subjetivação que determina a constituição de um *um-por-demais* como doença da comunidade. Celebrou-se com estardalhaço o fim dos "mitos" do conflito de classes e até se chegou a identificar o desaparecimento das fábricas da paisagem urbana com a liquidação dos mitos e das utopias. Talvez se comece agora a perceber a ingenuidade desse "antiutopismo". O que se chama de fim dos "mitos" é o fim das formas de visibilidade do espaço coletivo, o fim da visibilidade da distância entre o político e o sociológico, entre uma subjetivação e uma identidade. O fim dos "mitos" do povo, a invisibilidade operária, é o não-lugar dos modos de subjetivação que permitiam incluir-se como excluído, contar-se como incontado. O desaparecimento desses modos políticos de aparência e de subjetivação do litígio tem como consequência o brutal reaparecimento no real de uma alteridade que não se simboliza mais. O antigo operário cinde-se então em dois: de um lado, o imigrante; do outro, esse novo racista ao qual os sociólogos dão significativamente um outro nome de cor, chamando-o *"petit blanc"*, "pequeno branco" — nome outrora atribuído aos colonos modestos da Argélia francesa. A divisão que foi excluída da visibilidade como arcaica reaparece sob a forma mais arcaica ainda da alteridade nua. É em vão que a boa vontade consensual propõe suas mesas-redondas para discutir o problema dos imigrantes. Aqui como ali, o remédio e o mal fazem um círculo vicioso. A objetivação pós-democrática do "problema" imigrante caminha a par com a fixação de uma alteridade radical, de um objeto de ódio absoluto, pré-

-político. É por esse mesmo movimento que a figura do outro se exaspera na pura rejeição racista e se esvai na problematização da imigração. A nova visibilidade do outro na nudez de sua diferença intolerável é propriamente falando o resto da operação consensual. É o apagamento "racional" e "pacífico" da aparência na exposição integral do real, do erro de contagem do povo na apuração da população, e do litígio no consenso, que traz de volta o monstro da alteridade radical na ausência da política. É a exaustiva apuração da população incessantemente sondada que produz, no lugar do povo declarado arcaico, esse sujeito chamado "os franceses" que, ao lado dos prognósticos sobre o futuro "político" de tal ou qual vice-ministro, se manifesta por algumas opiniões bem definidas sobre o número excessivo de estrangeiros e a insuficiência da repressão. Essas opiniões, é claro, são manifestações da própria natureza das opiniões num regime midiático, de sua natureza ao mesmo tempo real e simulada. O sujeito da opinião diz o que pensa sobre os negros e os árabes do mesmo modo real/simulado pelo qual é chamado, por outro lado, a confessar todas as suas fantasias e a satisfazê-las integralmente pelo preço de uma chamada telefônica "0900". O sujeito que opina assim é o sujeito desse novo modo do visível que é o da exposição generalizada, um sujeito chamado a viver integralmente todas as suas fantasias no mundo da exibição integral e da aproximação assintótica dos corpos, nesse "tudo é possível" da fruição exposta e prometida, ou seja, evidentemente prometida a uma decepção, e incitado com isso a buscar e perseguir o "mau corpo", o corpo diabólico que por todo lado impede a satisfação total que está por todo lado ao alcance da mão e por todo lado escapa entre os dedos.

O novo racismo das sociedades avançadas deve assim a sua singularidade ao fato de ser o ponto em que se encontram todas as formas de identidade a si da comunidade que definem o modelo consensual, mas também todas as formas de abandono dessa identidade e de compensação desse abandono. É normal, por conseguinte, que a lei venha completar sua coerência, isto é, fazer de sua unidade o modo de reflexão da comunidade que se separa de seu Outro. Ao tratar do problema dos imigrantes, a lei, é claro, se propõe a fazer o trabalho da justiça e da paz. Ao definir regras de integração e de exclusão até então deixadas ao acaso das circunstâncias e à disparidade dos regulamentos, ela pretende trazer o particular para a esfera de sua universalidade. Ao separar os bons estrangeiros dos indesejáveis, está supostamente desarmando o racismo, que se nutre do amálgama. O problema é que essa discriminação só pode ser feita ao preço de dar feição a esse indefinível Outro, que suscita sentimentos de medo e rejeição. A lei, que supostamente deve desfazer o amálgama do "sentimento", só o faz tomando de empréstimo seu objeto, seu modo de unir, sem qualquer conceito subjacente, casos heterogêneos de inaceitabilidade do outro, e de devolvê-lo subsumido sob a unidade do conceito. A lei decretada pelo sistema consensual é também a confirmação do tipo de relação a si que constitui o próprio sistema consensual. Seu princípio é estabelecer a permanente conversibilidade do *Um* da lei com o *Um* do sentimento que define o estar-junto. O trabalho da lei consensual é, portanto, primeiramente construir o esquema que transforma o *Um* sentido, percebido, mas indefinível, da rejeição num *Um* da lei comum. É esse esquema que constitui o inencontrável objeto "imigrante", ao unificar os casos heterogêneos do jovem delinquente de origem magrebina, do trabalhador de Sri Lanka sem documentos, do muçulmano polígamo e do trabalhador do Mali que impõe o encargo de sua família à comunidade francesa. A circulação de alguns operadores de conversão, como "clandestino", que liga a figura do estrangeiro à do delinquente, constrói o esquema que dá à lei um objeto semelhante ao do sentimento: a figura do múltiplo que prolifera e se reproduz sem lei. O esquema da lei consensual liga, assim, a ordem do *nomos* enquanto poder de convir e de contratar com a ordem da *physis* enquanto poder de con-sentir. O consenso é uma relação de circularidade entre a natureza e a lei, que deixa para a segunda a questão de determinar a antinatureza que a primeira sente como insuportável. A lei o faz separando da *physis*, concebida como potência daquilo que eclode, a antinatureza, ou seja, a potência do múltiplo que prolifera. A lei realiza a natureza, ao identificar o que esta lhe designava espontaneamente como sua doença, essa multidão que não para nunca de se reproduzir. Para esta, os mais antigos juristas romanos tinham inventado um nome: *proletarii*, aqueles que não fazem outra coisa senão reproduzir sua própria multiplicidade e que, por essa mesma razão, não merecem ser contados. A democracia moderna destacou essa palavra para transformá-la num sujeito político: um múltiplo singular por meio do qual os incontados são contados, um operador de distância dos corpos produtores e reprodutores deles mesmos, um analisador que separa a comunidade dela própria. A metapolítica o tinha transformado na figura ambígua do sujeito ultrapolítico do movimento verdadeiro que dissipa a ilusão política. Remate máximo do niilismo da metapolítica, a pós-democracia consensual, para fechar a comunidade sobre si mesma, suprime o nome e remete a figura à sua origem primeira: aquém da democracia, aquém da política.

Democracia ou consenso

A POLÍTICA EM SUA ERA NIILISTA

Recapitulemos: a política existe onde quer que a contagem das partes e das "partes" da sociedade é perturbada pela inscrição de uma parte dos sem-parte. Ela começa quando a igualdade de qualquer um com qualquer um inscreve-se como liberdade do povo. Essa liberdade do povo é uma propriedade vazia, uma propriedade imprópria pela qual aqueles que não são nada colocam seu coletivo como idêntico ao todo da comunidade. A política existe enquanto formas de subjetivação singulares renovarem as formas da inscrição primária da identidade entre o todo da comunidade e o nada que a separa de si mesma, quer dizer, da mera contagem de suas partes. A política deixa de existir ali onde não tem mais lugar essa distância, onde o todo da comunidade é reduzido sem resto à soma de suas "partes". Há várias maneiras de pensar o todo como a mera soma de suas "partes". A soma pode ser feita de indivíduos, pequenas máquinas que exploram de forma intensa sua própria liberdade de desejar, de empreender e de fruir. Pode ser feita de grupos sociais, que compõem seus interesses como parceiros responsáveis. Pode ser feita de comunidades, cada uma provida do reconhecimento de sua identidade e de sua cultura. O Estado consensual é quanto a isso tolerante. O que ele não tolera mais, por outro lado, é a "parte excedente", a que torna falsa a conta da comunidade. O que ele precisa é de "partes" reais, que possuam ao mesmo tempo suas propriedades e a propriedade comum do todo. O que ele não pode tolerar é um nada que seja tudo. O sistema consensual repousa nesses axiomas sólidos: o todo é tudo, o nada é nada. Se se suprimirem as entidades parasitas da subjetivação política, atinge-se, pouco a pouco, a identidade do todo com o todo, que é identidade do princípio do todo com o de cada uma das "partes", os herdeiros do todo. Essa identidade se chama humanidade.

Aqui começam os problemas. O sistema consensual celebrava sua vitória sobre o totalitarismo como vitória final do direito sobre o não-direito e do realismo sobre as utopias. Preparava-se para acolher em seu espaço — liberto da política e chamado Europa — as democracias nascidas da derrocada dos Estados totalitários. Ele vê em quase toda parte a paisagem da humanidade liberta do totalitarismo e das utopias como paisagem dos integrismos identitários. Sobre as ruínas dos Estados totalitários, o etnicismo e a guerra étnica se desencadeiam. A religião e os Estados religiosos abençoados outrora por constituírem barreiras naturais à expansão soviética assumem a figura da ameaça integrista. Essa ameaça chega até a instalar-se no coração dos Estados consensuais, em todo canto onde vivem esses trabalhadores que agora são apenas imigrantes, em todo canto onde indivíduos se mostram incapazes de responder à solicitação de serem militantes de sua própria integridade. E, diante dela, as comunidades consensuais veem renascer a pura rejeição daqueles cuja etnia ou religião não podem ser toleradas. O sistema consensual se representa a si mesmo como o modo do direito em face do mundo do não-direito — o da barbárie identitária, religiosa ou étnica. Mas nesse mundo de sujeitos estritamente identificados com sua etnia, com sua raça ou seu povo guiado pela divindade, nessas guerras de tribos que combatem para ocupar todo o território daqueles que compartem sua identidade, o sistema consensual também contempla a caricatura extrema de seu sonho razoável: um mundo limpo de identidades excedentes, povoado de corpos reais providos das propriedades expressas por seu nome. O sistema consensual anunciava um mundo para além do *demos*, um mundo feito de indivíduos e de grupos que manifestam apenas a humanidade comum. Ele só havia esquecido uma coisa: entre os indivíduos e a humanidade, há sempre uma partilha do sensível, uma configuração que determina a maneira como as "partes" têm parte na comunidade. E há dois grandes modos de partilha: o que conta a parte dos que não têm parte e o que não a conta — o *demos* ou o *ethnos*. Ele pensava que sua ampliação não tinha fim: Europa, comunidade internacional, cidadania do mundo e, enfim, humanidade: tantos nomes para um todo que é igual à soma de seus elementos, proprietário cada um da propriedade comum do todo. O que ele descobre é uma figura nova, radical, da identidade do todo e do nada. A nova figura, a figura não-política do todo idêntico ao nada, de uma *integridade* que está em todo canto sob ameaça, chama-se doravante, também ela, *humanidade*. O homem "que nasceu livre e em todo lado se encontra a ferros" tornou-se o homem que nasceu humano e em todo lado se vê desumano.

Para além das formas do litígio democrático, estende-se com efeito o reinado de uma humanidade igual a ela mesma, atribuída diretamente a cada um, exposta em cada um à sua catástrofe; um todo habitado por seu nada, uma humanidade que se mostra e se demonstra em toda parte denegada. O fim das grandes subjetivações do dano não é o fim do tempo da "vítima universal". É, ao contrário, seu começo. Os tempos da democracia militante declinaram toda uma série de formas polêmicas de "homens nascidos livres e iguais em direito". O "nós" tomou diferentes nomes de sujeitos para experimentar o poder litigioso dos "direitos humanos", para pôr à prova a inscrição da igualdade, perguntar se os direitos do homem eram mais ou menos que os direitos do cidadão, se eram os da mulher, do proletário, do homem negro e da mulher negra etc. Deram assim aos direitos humanos todo o poder que podem ter: o poder da inscrição igualitária acrescida pelo de sua argumentação e de sua manifestação na construção de casos de litígio, no relacionamento do mundo de validade da inscrição igualitária com seu mundo de não-validade. O reinado do "humanitário", em contrapartida, começa ali onde os direitos do homem estão cortados de toda capacidade de singularização polêmica de sua universalidade, onde a frase igualitária deixa de ser fraseada, interpretada na argumentação de um dano que manifesta sua efetividade litigiosa. A humanidade, então, não é mais polemicamente atribuída às mulheres e aos proletários, aos negros ou aos condenados da terra. Os direitos do homem não são mais experimentados como capacidades políticas. O predicado "humano" e os "direitos humanos" são simplesmente atribuídos, sem frase, sem mediação, a seu titular — o sujeito "homem". O tem-

A política em sua era niilista

po do "humanitário" é o da identidade imediata entre qualquer exemplar da humanidade sofredora e a plenitude do sujeito da humanidade e de seus direitos. O titular puro e simples do direito não é nada mais que a vítima sem frase, última figura daquele que é excluído do *logos*, provido apenas da voz que exprime a queixa monótona, a queixa do sofrimento nu, que a saturação tornou inaudível. Mais precisamente, esse homem a quem pertence tudo o que é humano se reduz então ao par da vítima — a figura patética daquele a quem essa humanidade é negada — e do carrasco — a figura monstruosa daquele que nega a humanidade. O regime "humanitário" da "comunidade internacional" exerce a administração dos direitos do homem com relação a essas figuras, enviando a uma alimentos e remédios, a outra, mais raramente, divisões aerotransportadas.[54]

A transformação da cena democrática em cena humanitária pode ser ilustrada pela impossibilidade de um modo de enunciação. No início do movimento de maio de 1968 na França, os manifestantes haviam definido uma forma de subjetivação resumida numa frase: "somos todos judeus alemães". Essa frase ilustra bem o modo heterológico da subjetivação política: tomando ao pé da letra a frase estigmatizante do adversário, preocupado em despistar o intruso sobre o palco em que se contavam as classes e *seus* partidos, ela a invertia para convertê-la numa subjetivação aberta dos incontados, um nome sem confusão possível com qualquer grupo social real, com qualquer cômputo de identidade. É evidente que uma frase desse tipo seria hoje impronunciável, por duas razões. A primeira é que não é exata. Os que a pronunciavam não eram alemães e não eram, na sua maioria, judeus. Ora, tanto os partidários do progresso como os da ordem admitiram desde então que só são legítimas as reivindicações de grupos reais que to-

---

[54] Que seja necessário enviar remédios e alimentos àqueles que precisam, que capacidades e devotamentos notáveis se apliquem nessas tarefas essenciais, isso é incontestável e não será contestado aqui. O que se quer discutir é uma coisa totalmente diferente: a subsunção dessas atividades sob uma categoria do *humanitário* como artifício da *realpolitik* dos Estados.

mam pessoalmente a palavra para dizerem eles mesmos sua própria identidade. Ninguém doravante tem o direito de se dizer proletário, negro, judeu ou mulher se não o for, se não tiver essa qualidade nativa e sua experiência social. A única exceção a essa regra de autenticidade, é claro, é a "humanidade" cuja autenticidade consiste em ser sem palavra e cujos direitos estão nas mãos da polícia da comunidade internacional. E aí aparece a segunda razão: a frase é doravante impronunciável porque é evidentemente indecente. A identidade "judeu alemão" hoje significa imediatamente a identidade da vítima do crime contra a humanidade, que ninguém poderia reivindicar sem profanação. Ela não é mais um nome disponível para a subjetivação política, mas o nome da vítima absoluta que suspende essa subjetivação. O sujeito do desentendimento tornou-se o nome do interdito. A era humanitária é aquela em que a ideia da vítima absoluta proíbe os jogos polêmicos da subjetivação do dano. O episódio que se chamou "nova filosofia"[55] resume-se inteiramente nessa prescrição: o pensamento do massacre é o que tacha o pensamento como indigno e interdita a política. O pensamento do irresgatável vem então servir de duplo ao realismo consensual: o litígio político é impossível por duas razões: porque suas violências são um entrave para o acordo racional das "partes"; e porque as facécias de suas encarnações polêmicas ultrajam as vítimas do dano absoluto. A política deve então ceder diante do massacre, o pensamento inclinar-se diante do impensável.

Só que a duplicação da lógica consensual de submissão à pura contagem das "partes" pela lógica ética/humanitária de submissão ao impensável dos genocídios assume o aspecto de um *double bind*, um duplo vínculo. A distribuição dos papéis, é verdade, pode permitir que as duas lógicas se exerçam separadamente. Ainda assim é preciso que nenhum provocador atinja o ponto

---

[55] O autor alude aqui aos "nouveaux philosophes", grupo de autores, entre os quais se contam André Glucksmann e Bernard-Henri Lévy, que emergiu na cena cultural francesa a partir de 1975, com grande sucesso na mídia e no mercado editorial. (N. da E.)

A política em sua era niilista

em que se encontram, o ponto que designam com evidência ao mesmo tempo em que se esforçam para não vê-lo. Esse ponto é o da possibilidade do crime contra a humanidade ser pensado como a integralidade do extermínio. É esse ponto que a provocação negacionista ataca. Esta inverte e devolve aos gestores do possível e aos pensadores do impensável a sua lógica, manejando o duplo argumento da impossibilidade de uma contagem exaustiva do extermínio e da impensabilidade de seu pensamento, afirmando a impossibilidade de presentificar a vítima do crime contra a humanidade e de dar uma razão suficiente pela qual o carrasco o teria perpetrado.

Tal é na verdade o duplo motor da argumentação negacionista, para negar a realidade do extermínio dos judeus nos campos nazistas. De um lado, ela lança mão dos clássicos paradoxos sofistas da enumeração interminável e da divisão ao infinito. Já em 1950, Paul Rassinier havia fixado seu conjunto de argumentos sob a forma de uma série de perguntas cujas respostas deixavam aparecer a cada vez que, mesmo que todos os elementos do processo fossem reconhecidamente certos, seu encadeamento não podia nunca ser inteiramente refeito, e menos ainda a sua ligação às consequências de um projeto de pensamento integralmente programado e imanente a cada uma de suas sequências.[56] Realmente, dizia ele, houve declarações nazistas que pregavam o extermínio de todos os judeus. Mas por si sós, declarações nunca mataram ninguém. Realmente, houve planos de câmaras de gás. Mas um plano de câmara de gás e uma câmara de gás em funcionamento são duas coisas tão diferentes quanto cem táleres possíveis e cem táleres reais. Realmente, houve câmaras de gás instaladas de fato num certo número de campos. Mas uma câmara de gás é apenas uma

---

[56] Paul Rassinier, *Le mensonge d'Ulysse* (1950), 2ª ed., Paris, Macon, 1955. [No capítulo "Os enunciados do fim e do nada", de *Políticas da escrita*, *op. cit.*, Rancière analisa mais detidamente a lógica negacionista de Rassinier, antigo membro da Resistência e prisioneiro do campo de concentração de Buchenwald, que questiona a existência de uma política de extermínio nazista. (N. da E.)]

fábrica de gás com que se pode fazer todas as espécies de coisas diversas e acerca da qual não há prova de que tivesse a função específica do extermínio em massa. Realmente, havia em todos os campos, seleções regulares ao cabo das quais desapareciam prisioneiros que nunca mais foram encontrados. Mas há mil maneiras de matar pessoas ou simplesmente deixá-las morrer e as que desapareceram nunca nos dirão como desapareceram. Realmente, enfim, houve nos campos prisioneiros mortos de fato pelo gás. Mas nada prova que tenham sido vítimas de um plano de conjunto sistemático, e não de simples torturadores sádicos.

É preciso determo-nos um instante no duplo motor dessa argumentação: faltam documentos, dizia Rassinier em 1950, para estabelecer a conexão de todos esses fatos a um único acontecimento. Mas também, acrescentava ele, é muito duvidoso que sejam um dia encontrados. Ora, desde então, foram encontrados documentos em abundância suficiente. Nem por isso a provocação revisionista cedeu. Ao contrário, soube encontrar novos adeptos ou novas tolerâncias. Quanto mais seus argumentos se mostraram inconsistentes no plano dos fatos, mais sua verdadeira força se afirmou. Essa força consiste em ter tocado o próprio regime da crença segundo a qual uma série de fatos é constatada como um acontecimento singular, e um acontecimento subsumido sob a categoria do possível; é ter tocado no ponto em que duas possibilidades devem ser ajustadas uma à outra: a possibilidade material do crime como encadeamento total de suas sequências, e sua possibilidade intelectual segundo sua qualificação de crime absoluto contra a humanidade. A provocação negacionista não se sustenta pelas provas que opõe ao acúmulo das provas adversas. Ela se sustenta porque traz cada uma das lógicas que ali se enfrentam a um ponto crítico em que a impossibilidade se encontra comprovada sob tal ou qual de suas figuras: como uma falta na cadeia, ou a impossibilidade de pensar o encadeamento. Ela obriga então essas lógicas a executar um vaivém em que o possível é sempre capturado pelo impossível, assim como a verificação do acontecimento é apanhada pelo pensamento de seu impensável.

A primeira aporia é a da lei e do juiz. A opinião francesa indignou-se contra aqueles juízes que livraram o antigo miliciano

Touvier da acusação de "crime contra a humanidade".[57] Mas antes de indignar-se, convém refletir na singular configuração das relações entre o direito, a política e a ciência implícita num tal caso. A noção jurídica de "crime contra a humanidade", primeiramente associada aos crimes de guerra, foi emancipada deles para que se pudesse processar crimes que as prescrições judiciárias e as anistias estatais haviam deixado impunes. O infortúnio é que nada define propriamente a *humanidade* que é o objeto do crime. O crime fica comprovado não porque se comprovou que a humanidade é que se viu lesada enquanto vítima, mas porque se comprovou que o agente que o executou era, no momento de sua execução, o executante da vontade coletiva planificada de um Estado "que pratica uma política de hegemonia ideológica". Pede-se então ao juiz que faça as vezes de historiador para estabelecer a existência dessa política, para traçar a continuidade do desígnio original de um Estado até o ato de um de seus servidores, com o risco de reencontrar as aporias da divisão ao infinito. Os primeiros juízes do miliciano Touvier não encontraram o fio contínuo de uma "política de hegemonia ideológica", que vai do nascimento do Estado de Vichy ao ato criminoso de seu miliciano. Os segundos juízes resolveram o problema fazendo de Touvier um executante direto do Estado alemão nazista. O acusado argumentava em sua defesa que tinha dado prova de humanidade ao fazer *menos* do que lhe pedia a vontade coletiva planificada. Supondo, agora, que um acusado alegasse ao contrário ter feito *mais*, ter agido sem ordem e sem motivação ideológica, por puro sadismo pessoal, esse acusado não seria mais que um monstro ordinário, escapando ao quadro jurídico do crime contra a humanidade, colocando em evidência a impossibilidade para o juiz de reunir o agente e o paciente do crime contra a humanidade.

A aporia do juiz e da lei passa a ser então a da ciência requerida no caso, isto é, a ciência da história. Os historiadores trouxe-

---

[57] Sobre o caso Paul Touvier e suas repercussões (e também sobre a lei que criminaliza a negação dos crimes contra a humanidade), cf. "Os enunciados do fim e do nada", em *Políticas da escrita*, *op. cit.* (N. da E.)

ram, enquanto especialistas, todas as provas exigidas para o estabelecimento e o encadeamento dos fatos. E protestaram, como corpo científico, contra os métodos pseudocientíficos dos negacionistas. Pode-se perguntar, então, por que diversos Estados precisam se munir de leis que proibem a falsificação da história por meio da negação do extermínio. A resposta é simples. É que a história que pode trazer todos os contratestemunhos passíveis de refutar uma "parte" num tribunal ordinário mostra-se incapaz de responder a dois argumentos: aquele que diz que uma sucessão de fatos encadeados uns aos outros nunca atinge o ponto em que constitui um acontecimento único, e aquele que diz que um acontecimento só ocorre no tempo se esse tempo tornar sua possibilidade possível. E ela é incapaz disso porque esses argumentos são coerentes com o regime de crença segundo o qual ela se pensa como ciência: aquele que submete o caráter pensável da efetividade de um pensamento à possibilidade de que seu tempo o torne possível.

Aí está o duplo gatilho no qual se arma a argumentação negacionista. A impossibilidade de comprovar em sua totalidade o acontecimento do extermínio se sustenta da impossibilidade de pensar que o extermínio pertence à realidade de seu tempo. Os paradoxos que separam a causa formal da causa material e a causa eficiente da causa final teriam rapidamente esgotado seus poderes se não remetessem à impossibilidade de que as quatro causas possam unir-se num único princípio de razão suficiente. Para além das argúcias sobre a composição dos gases e dos meios de produzir uma quantidade suficiente deles, a provocação negacionista apela à "razão" do historiador para perguntar-lhe se ele pode, enquanto cientista, encontrar, nos modos de racionalidade do nosso século aos quais os sistemas industriais e estatais complexos obedecem, a razão necessária e suficiente para que um grande Estado moderno se entregue à designação e ao extermínio em massa de um inimigo radical. O historiador que tem todos os fatos para responder cai então na armadilha da ideia que governa a razão historiadora: para que um fato seja comprovado, é preciso que seja pensável; para que seja pensável, é preciso que pertença àquilo que seu tempo torna pensável, que sua imputação não seja anacrônica. Rabelais, como defendia Lucien Febvre num livro célebre, não era um descrente.[58] Não que tenhamos qualquer prova de que não o tenha sido — essa verdade é justamente da alçada do juiz e não do historiador. A verdade do historiador é que Rabelais não foi um descrente porque não era possível que o fosse, porque sua época não permitia a possibilidade dessa possibilidade. O acontecimento de pensamento que consistiria na posição clara e simples de descrença era impossível segundo aquela verdade: a verdade daquilo que um tempo torna pensável, daquilo de que autoriza a existência. Sair dessa verdade é cair no pecado maior aos olhos da ciência da história: o pecado de anacronismo.

Como se passa dessa impossibilidade à impossibilidade de que o extermínio tenha acontecido? Não apenas pela perversidade do provocador que leva um raciocínio ao seu ponto de absurdo e de escândalo, mas também pela reversão do regime metapolítico da verdade. A verdade de Lucien Febvre era a do organicismo sociológico, da representação da sociedade como corpo governado pela homogeneidade das mentalidades coletivas e das crenças comuns. Essa verdade plena tornou-se uma verdade vazia. A adesão necessária de todo pensamento individual ao regime comum de crença de sua época tornou-se apenas o vazio de um argumento ontológico negativo: o que não é possível segundo seu tempo é impossível. O que é impossível não pôde ser. O jogo formal do argumento ontológico negativo concorda então com a opinião "razoável" de que um grande Estado industrial moderno como a Alemanha não tinha nenhuma necessidade de inventar a loucura do extermínio dos judeus. O historiador que refutou todas as provas do mentiroso não pode refutar radicalmente a mentira porque não pode refutar a ideia de verdade que a sustenta. O historiador leva ao juiz a conexão dos fatos que lhe faltava. Mas, ao mesmo tempo, a racionalidade historiadora desloca a racionalidade do en-

---

[58] Lucien Febvre, *Le problème de l'incroyance au XVI siècle: la religion de Rabelais*, Paris, Albin Michel, 1942 [ed. bras.: *O problema da incredulidade no século XVI: a religião de Rabelais*, São Paulo, Companhia das Letras, 2009]. Para uma análise mais detalhada, cf. Jacques Rancière, "Os enunciados do fim e do nada", em *Políticas da escrita*, *op. cit.*

cadeamento dos fatos para a racionalidade de sua possibilidade.[59] É preciso então que a lei proíba a falsificação da história. É preciso, em suma, que a lei faça o trabalho que não pode ser feito pelo historiador que era encarregado de fazer o que a lei não pode fazer. Essa dupla aporia não é senão a marca do pertencimento do direito e da ciência a um mesmo regime de crença, o regime de crença próprio ao sistema consensual: o realismo. O realismo pretende ser a sadia atitude do espírito que se restringe às realidades observáveis. Ele é na verdade coisa totalmente diferente: é a lógica policial da ordem que afirma, em qualquer circunstância, fazer apenas o que é possível fazer. O sistema consensual absorveu a necessidade histórica e objetiva de antigamente, reduzida à porção côngrua do "único possível" que a circunstância autoriza. O possível é assim o operador conceitual de troca entre a "realidade" e a "necessidade". E é também o último modo de "verdade" que a metapolítica rematada pode oferecer à lógica da ordem policial, a verdade da impossibilidade do impossível. O realismo é a absorção de toda realidade e de toda verdade na categoria do único possível. E, nessa lógica, o possível/verdade é encarregado de suprir com sua autoridade científica todas as lacunas do possível/realidade. Quanto mais as performances do realismo gestor são incertas, mais ele precisa se legitimar através da monótona reiteração da impossibilidade do impossível, mesmo que corra o risco de proteger essa autolegitimação negativa atrás da tênue barreira da lei que determina o ponto em que o vazio da verdade deve se deter, o limite que o argumento de impossibilidade do impossível não deve ultrapassar. Daí o estranho fenômeno de uma lei que proíbe a men-

---

[59] É significativo que na França tenha sido um historiador da Antiguidade, Pierre Vidal-Naquet, quem conduziu a luta contra o negacionismo, especialmente em *Les assassins de la mémoire* (Paris, La Découverte, 1987) [ed. bras.: *Os assassinos da memória*, Campinas, Papirus, 1988]. Para levantar a questão do tipo de verdade ao qual recorrem as provocações negacionistas, é sem dúvida necessário ter a distância que a familiaridade com o pensamento antigo do *pseudos* dá em relação à racionalidade histórico-sociológica das crenças e das mentalidades.

A política em sua era niilista

tira num tempo em que a lei se esforça por aniquilar todos os "tabus" que a separam de uma sociedade por sua vez destinada à fruição infinita de todas as profanações. Não é o respeito às vítimas ou o horror sagrado que está em jogo aqui, mas a preservação do mais raquítico dos segredos: a simples nulidade dessa impossibilidade do impossível que é a verdade última da metapolítica e a legitimação última dos gestores do único possível. Mais do que privar de palavra os negacionistas, o interdito proíbe que se exiba o simples vazio do argumento do impensável. Não há estritamente nada que esteja além do pensável na monstruosidade do Holocausto, nada que exceda as capacidades conjugadas da crueldade e da covardia quando se beneficiam de todos os meios à disposição dos Estados modernos; nada de que esses Estados não sejam capazes ali onde se esfacelam as formas de subjetivação não identitárias da contagem dos incontados, em que o povo democrático é incorporado como povo étnico.

Sem dúvida, o argumento arendtiano da "banalidade do mal" deixa o espírito insatisfeito. Acusaram-no de ter banalizado o excesso de ódio para com uma vítima específica. Mas o argumento é ele mesmo reversível. A identidade judia liquidada pelo extermínio nazista não era diferente da identidade dos fantasmas antissemitas usuais. É portanto na capacidade de agenciar os meios do extermínio que reside a diferença específica. Não obstante, o espírito não precisa aqui estar satisfeito; a questão não é explicar o genocídio. Claramente o problema está sendo colocado ao contrário. O genocídio não é o objeto que a atualidade estaria impondo hoje a nosso pensamento, tendo por efeito transtornar a política e a filosofia. Foi antes a reabsorção estatal da política, com seu resto ou seu duplo humanitário, que fez do genocídio uma preocupação filosófica, que empenhou a filosofia, sob o nome de ética, a tratar de algum modo daquilo que o direito e a ciência não podem atingir nesse resto, essa identidade do humano e do desumano, cujo cuidado o Estado consensual lhe delegou. É a partir desse ponto de vista que se deve situar a discussão. Não há uma "boa" explicação do genocídio que se oponha às más. Há maneiras de situar a relação do pensamento com o acontecimento do genocídio que entram ou não entram no círculo do impensável.

A complexidade do jogo desse "impensável" está muito bem ilustrada num texto de Jean-François Lyotard.[60] Toda reflexão sobre o Holocausto deve, segundo ele, pensar a especificidade da vítima, a especificidade do projeto de exterminar o povo judeu enquanto povo que testemunhou uma dívida primeira do homem para com o Outro, a impotência nativa do pensamento da qual o judaísmo dá testemunho e que a civilização greco-romana sempre se empenhou em esquecer. Mas dois modos de atribuição do pensamento ao acontecimento se misturam inextricavelmente em sua demonstração. A questão parece tratar primeiro do tipo de memória ou de esquecimento requerido pelo acontecimento do genocídio. Trata-se então, sem se preocupar em "explicar" o genocídio, de medir as consequências que um pensamento do genocídio pode ter para uma reconsideração, pela filosofia ocidental, de sua história. Mas assim que essa história é pensada nos termos do recalque, o nome "judeu" passa a ser o nome da testemunha desse "esquecido", do qual a filosofia quer esquecer o necessário esquecimento. O Holocausto vê então que lhe é atribuído o sentido "filosófico" do desejo de se livrar desse recalcado, suprimindo a única testemunha dessa condição de refém do Outro que é inicialmente a do pensamento. A identidade "filosófica" da vítima, do refém/testemunha, torna-se então a razão do crime. Ela é a identidade da testemunha da impotência do pensamento, que a lógica de uma civilização manda esquecer. Assim se instaura um duplo nó entre o poder do crime e a impotência do pensamento. De um lado, a realidade do acontecimento está de novo instalada numa distância infinita entre a determinação da causa e a comprovação do efeito. De outro, a exigência de seu pensamento torna-se o próprio lugar onde o pensamento, confrontando-se com os efeitos monstruosos da negação de sua própria impotência, se fecha numa nova figura do impensável. O nó estabelecido entre o que o acontecimento ordena ao pensamento e o pensamento que ordenou o acontecimento se deixa então apreender no círculo do pensamento ético. A éti-

---

[60] Jean-François Lyotard, *Heidegger et "les juifs"*, Paris, Galilée, 1988 [ed. bras.: *Heidegger e "os judeus"*, Petrópolis, Vozes, 1994].

A política em sua era niilista

ca é o pensamento que hiperboliza o conteúdo de *pensamento* do crime para devolver o pensamento à lembrança de sua impotência nativa Mas também a ética é o pensamento que dá a todo pensamento e a toda política sua própria impotência, ao se fazer guardiã do pensamento de uma catástrofe da qual, em todo caso, nenhuma ética soube nos preservar.[61]

A ética é então a forma sob a qual a "filosofia política" inverte seu projeto inicial. O projeto inicial da filosofia era suprimir a política para realizar sua essência verdadeira. Com Platão, a filosofia propunha a realização de si mesma como princípio da comunidade, em lugar da política. E essa realização da filosofia era, em última instância, a supressão da própria filosofia. A ciência social do século XIX foi a maneira moderna pela qual se realizou o projeto de uma supressão/realização da política como realização/supressão da filosofia. A ética é hoje a última forma dessa realização/supressão. É a proposta feita à filosofia de suprimir-se, de entregar-se ao absolutamente Outro para expiar os erros do pensamento do Mesmo, os crimes da filosofia "realizada" como alma da comunidade. A ética infinitiza o crime para infinitizar a injunção que ela mesma se faz enviar pelo refém, pela testemunha, pela vítima: que a filosofia expie a velha pretensão do campo filosófico e a ilusão moderna da humanidade liberta da alienação, que se submeta ao regime da alteridade infinita que afasta qualquer sujeito de si mesmo. A filosofia torna-se então o pensamento do luto que vem encarregar-se do mal como do resto da redução estatal do *dikaion* ao *sympheron*. Sob o nome de ética, ela assume o mal, a desumanidade do homem que é a face sombria do idílio consensual. Ela propõe remediar o apagamento das figuras políticas da alteridade pela alteridade infinita do Outro. Inscreve-se assim numa relação bem determinada com a política, aquela que Aristóteles tinha marcado, no primeiro livro da *Política*, ao separar a "humanidade" política da dupla figura do ser estrangeiro à cidade: aquele que é mais ou menos que homem. Aquele que é mais ou

---

[61] Cf. Alain Badiou, *L'éthique: essai sur la conscience du mal* (Paris, Hatier, 1993) [ed. bras.: *Ética: um ensaio sobre a consciência do mal*, Rio de Janeiro, Relume-Dumará, 1995].

menos que homem é o deus ou o monstro, é o par religioso da divindade e da monstruosidade. A ética instala precisamente o pensamento no face-a-face entre o monstro e o deus.[62] O que significa que ela assume, como seu próprio luto, o luto da política.

Certamente não se pode reprovar o atual cuidado da filosofia em ser modesta, isto é, consciente da potência e da impotência conjugadas do pensamento, de seu pequeno poder em relação à sua própria desmedida. Resta saber como se concretiza essa modéstia do pensamento, o *modo* pelo qual ela pretende exercer sua *medida*. A modéstia presente do Estado, já vimos, é antes de mais nada modéstia em relação à política, isto é, hiperbolização da prática comum do Estado, que é viver da supressão da política. Convém portanto assegurar-se de que a modéstia da filosofia não seja, também ela, uma modéstia por conta de outrem, que não seja a última volta dessa realização/supressão da política da qual vive a "filosofia política": o luto da política, proclamado como expiação dos erros da filosofia "realizada". Não há luto da política a ser pensado, há apenas sua atual dificuldade e a maneira como essa dificuldade a obriga a uma modéstia e a uma imodéstia específicas. A política hoje deve ser imodesta em relação à modéstia a que a obrigam as lógicas de gestão consensual do "único possível". Ela deve ser modesta com relação ao campo em que foi colocada pela imodesta modéstia da filosofia ética: o campo do resto excessivo das políticas modestas, ou seja, a confrontação com a humanidade nua e a desumanidade do humano.

O agir político encontra-se hoje preso entre as tenazes das polícias estatais da gestão e da polícia mundial do humanitário. De um lado, as lógicas dos sistemas consensuais apagam as marcas da aparência, do erro de conta e do litígio políticos. Do outro, convocam a política, que foi expulsa de seus lugares, para se estabelecer no terreno de uma globalização do humano que é globalização da vítima, definição de um sentido de mundo e de uma comunidade de humanidade a partir da figura da vítima. De um lado, elas remetem o colocar em comum da conta dos incontados à enumeração dos grupos sociais passíveis de apresentar sua identidade;

---

[62] Aristóteles, *Política*, I, 1253 a 4.

A política em sua era niilista

elas situam as formas da subjetividade política nos lugares da proximidade — moradia, ocupação, interesse — e nos laços da identidade — de sexo, de religião, de raça ou de cultura. Do outro, elas a globalizam, elas a exilam nos desertos do pertencimento nu da humanidade a si mesma. Elas induzem o próprio cuidado de recusar as lógicas do consenso a pensar, como fundamento de uma comunidade não-identitária, uma humanidade da vítima ou do refém, do exílio ou do despertencimento. Mas a impropriedade política não é despertencimento. Ela é o duplo pertencimento: pertencimento ao mundo das propriedades e das partes e pertencimento à comunidade imprópria, a essa comunidade que a lógica igualitária constrói como parte dos sem-parte. E o lugar de sua impropriedade não é o exílio. Ela não é o fora de lugar em que o humano, em sua nudez, se confrontaria consigo mesmo ou com seu outro, monstro e/ou divindade. A política não é a comunidade consensual dos interesses que se conjugam. Mas não é tampouco a comunidade de um inter-ser, de um *interesse* que lhe imporia sua originariedade, a originariedade de um estar-em-comum fundado no próprio *esse* do *inter* ou no *inter* próprio ao *esse*.[63] Ela não é a atualização de um mais originariamente humano da humanidade, a ser reativado sob a mediocridade do reino dos interesses ou para além da catástrofe das incorporações. A segunda natureza da política não é a reapropriação pela comunidade de sua natureza primeira. Ela deve ser pensada como efetivamente segunda. O *interesse* não é o sentido de comunidade que a retomada da existência, do ser ou do "diferente do ser" na sua originariedade libertaria. O *inter* do *interesse* político é o de uma interrupção ou de um intervalo. A comunidade política é uma comunidade de interrupções, de fraturas, pontuais e locais, pelas quais a lógica igualitária vem separar de si mesma a comunidade policial. Ela é uma comunidade de mundos de comunidade que são intervalos de subjetivação: intervalos construídos entre identidades, entre locais e lugares. O

---

[63] A discussão sobre esse ponto poderia ser desenvolvida de maneira mais detalhada com o que Jean-Luc Nancy, em *La comparution* (Paris, Christian Bourgois, 1991) e *Le sens du monde* (Paris, Galilée, 1993), diz sobre a política como difração do *em* do *em-comum*.

estar-junto político é um estar-entre: entre identidades, entre mundos. Tal como a "declaração de identidade" do acusado Blanqui a definia, a subjetivação "proletária" afirmava uma comunidade do dano como intervalo entre uma condição e uma profissão. Ela era o nome dado a seres situados entre vários nomes, várias identidades, vários *status*: entre uma condição de manejador barulhento de utensílios e uma condição de ser humano falante, entre uma condição de cidadão e uma condição de não-cidadania; entre uma figura social definível e a figura sem figura dos incontados. Os intervalos políticos são criados quando se separa uma condição de si mesma. Eles são criados quando se traça uma linha entre identidades e lugares definidos num local determinado em um mundo dado, identidades e lugares definidos em outros locais, e identidades e lugares que não têm lugar ali. Uma comunidade política não é a atualização da essência comum ou da essência do comum. É a comunhão do que não está dado como em-comum: entre algo visível e invisível, algo próximo e longínquo, algo presente e ausente. Essa comunhão supõe a construção dos vínculos que ligam o dado ao não-dado, o comum ao privado, o próprio ao impróprio. É nessa construção que a humanidade comum se argumenta, se manifesta e faz efeito. A simples relação da humanidade com sua denegação não faz em lugar nenhum uma comunidade do litígio político — algo que a atualidade não para de nos mostrar. Entre a exposição da desumanidade sofrida pelas populações deslocadas ou massacradas da Bósnia, por exemplo, e o sentimento do comum pertencimento humano, a compaixão e a boa vontade não bastam para tecer os laços de uma subjetivação política que incluiria na prática democrática das metrópoles ocidentais um vínculo com as vítimas da agressão sérvia ou com aqueles e aquelas que resistem a ela. O simples sentimento da essência comum e do dano que lhe é causado não cria política, nem mesmo sua particularização, que imputaria, por exemplo, ao movimento das mulheres o vínculo com as mulheres violentadas da Bósnia. Falta ainda a construção do dano como vínculo de comunidade com os que não pertencem ao mesmo comum. Os corpos expostos ou os testemunhos vivos dos massacres na Bósnia não criam o vínculo que podiam ter criado, no tempo da guerra da Argélia e dos movimentos anticolonia-

A política em sua era niilista

listas, os corpos, subtraídos à vista e à avaliação, dos argelinos jogados no Sena pela polícia francesa em outubro de 1961. Em torno desses corpos duas vezes desaparecidos de fato se criou um vínculo político, feito não de uma identificação com as vítimas ou até com sua causa, mas de uma desidentificação em relação ao sujeito "francês" que as havia massacrado e subtraído a toda contagem. A negação de humanidade era assim construível na universalidade local, singular, de um litígio político, como relação litigiosa da cidadania francesa consigo mesma. O sentimento da injustiça não cria vínculo político pela simples identificação que se apropriaria da desapropriação do objeto do dano. É preciso ainda a desapropriação de identidade que constitui um sujeito próprio à condução do litígio. A política é a arte das deduções torcidas e das identidades cruzadas. É a arte da construção local e singular dos casos de universalidade. Essa construção é possível enquanto a singularidade do dano — a singularidade da argumentação e da manifestação locais do direito — for distinguida da particularização dos direitos atribuídos às coletividades segundo sua identidade. E ela o é também enquanto sua universalidade estiver separada da globalização da vítima, separada da relação nua da humanidade com a desumanidade. O reino da globalização não é o reino do universal, mas o seu contrário: é o desaparecimento dos lugares próprios de sua argumentação. Há uma polícia mundial e ela pode às vezes proporcionar alguns bens. Mas não há política mundial. O "mundo" pode expandir-se. O universal da política, por sua vez, não se expande. Continua sendo a universalidade da construção singular dos litígios, a qual não tem nada a esperar, nem da essência encontrada de uma globalização mais essencialmente "global", nem da simples identificação do universal com o reino da lei. Não se pretenderá, a exemplo dos "restauradores", que a política tenha "simplesmente" que recuperar seu princípio próprio para recuperar sua vitalidade. A política, na sua especificidade, é rara. É sempre local e ocasional. Seu eclipse atual é perfeitamente real e não existe uma ciência da política que possa definir o seu futuro assim como não existe uma ética da política capaz de fazer de sua existência, a existência da política, o objeto tão só de uma vontade. A maneira como uma política nova poderia quebrar o círculo da consensualidade feliz e da humanidade denegada não é hoje nem predizível nem decidível. Há, em contrapartida, boas razões para pensar que ela não sairá nem da inflação identitária sobre as lógicas consensuais da repartição das partes, nem da hipérbole que convoca o pensamento a uma globalização mais originária ou a uma experiência mais radical da desumanidade do humano.

SOBRE O AUTOR

Nascido em Argel, em 1940, Jacques Rancière é Professor Emérito de Estética e Política da Universidade de Paris VIII — Vincennes/Saint-Denis, onde lecionou de 1969 a 2000. Entre suas obras mais recentes, destacam-se *L'inconscient esthétique* (2001), *La fable cinématographique* (2001), *Le destin des images* (2003), *Les scènes du peuple* (2003), *Malaise dans l'esthétique* (2004), *La haine de la démocratie* (2005), *Le spectateur émancipé* (2008), *Moments politiques: interventions 1977-2009* (2009), *Aisthesis: scènes du régime esthétique de l'art* (2011), *Le fil perdu* (2014) e *Les temps modernes: art, temps, politique* (2018).

Tem os seguintes livros publicados no Brasil: *A noite dos proletários* (Companhia das Letras, 1988), *Os nomes da história* (Educ/Pontes, 1994), *Políticas da escrita* (Editora 34, 1995), *O desentendimento* (Editora 34, 1996), *O mestre ignorante* (Autêntica, 2004), *A partilha do sensível* (Editora 34, 2005), *O inconsciente estético* (Editora 34, 2009), *O destino das imagens* (Contraponto, 2012), *As distâncias do cinema* (Contraponto, 2012), *O espectador emancipado* (WMF Martins Fontes, 2012), *A fábula cinematográfica* (Papirus, 2013), *O ódio à democracia* (Boitempo, 2014), *O fio perdido* (Martins Fontes, 2017), *Figuras da história* (Editora Unesp, 2018), *O espaço das palavras: de Mallarmé a Broodthaers* (Relicário, 2020), *O método da cena* (Quixote+DO, 2021), *Tempos modernos: arte, tempo, política* (n-1 edições, 2021), *O trabalho das imagens* (Chão da Feira, 2021), *João Guimarães Rosa: a ficção à beira do nada* (Relicário, 2021), *Aisthesis* (Editora 34, 2021) e *As margens da ficção* (Editora 34, 2021).

COLEÇÃO TRANS
direção de Éric Alliez

Gilles Deleuze e Félix Guattari
O que é a filosofia?

Félix Guattari
Caosmose

Gilles Deleuze
Conversações

Barbara Cassin, Nicole Loraux,
Catherine Peschanski
Gregos, bárbaros, estrangeiros

Pierre Lévy
As tecnologias da inteligência

Paul Virilio
O espaço crítico

Antonio Negri
A anomalia selvagem

André Parente (org.)
Imagem-máquina

Bruno Latour
Jamais fomos modernos

Nicole Loraux
Invenção de Atenas

Éric Alliez
A assinatura do mundo

Maurice de Gandillac
Gêneses da modernidade

Gilles Deleuze e Félix Guattari
Mil platôs
(Vols. 1, 2, 3, 4 e 5)

Pierre Clastres
Crônica do índios Guayaki

Jacques Rancière
Políticas da escrita

Jean-Pierre Faye
A razão narrativa

Monique David-Ménard
A loucura na razão pura

Jacques Rancière
O desentendimento

Éric Alliez
*Da impossibilidade
da fenomenologia*

Michael Hardt
Gilles Deleuze

Éric Alliez
Deleuze filosofia virtual

Pierre Lévy
O que é o virtual?

François Jullien
Figuras da imanência

Gilles Deleuze
Crítica e clínica

Stanley Cavell
*Esta América nova,
ainda inabordável*

Richard Shusterman
Vivendo a arte

André de Muralt
A metafísica do fenômeno

François Jullien
Tratado da eficácia

Georges Didi-Huberman
O que vemos, o que nos olha

Pierre Lévy
Cibercultura

Gilles Deleuze
Bergsonismo

Alain de Libera
Pensar na Idade Média

Éric Alliez (org.)
Gilles Deleuze:
uma vida filosófica

Gilles Deleuze
Empirismo e subjetividade

Isabelle Stengers
A invenção das ciências modernas

Barbara Cassin
O efeito sofístico

Jean-François Courtine
A tragédia e o tempo da história

Michel Senellart
As artes de governar

Gilles Deleuze e Félix Guattari
O anti-Édipo

Georges Didi-Huberman
Diante da imagem

François Zourabichvili
Deleuze:
uma filosofia do acontecimento

Gilles Deleuze
Dois regimes de loucos:
textos e entrevistas (1975-1995)

Gilles Deleuze
Espinosa
e o problema da expressão

Gilles Deleuze
Cinema 1 — A imagem-movimento

Gilles Deleuze
Cinema 2 — A imagem-tempo

Gilbert Simondon
A individuação à luz das noções
de forma e de informação

Georges Didi-Huberman
Imagens apesar de tudo

Jacques Rancière
As margens da ficção

Gilles Deleuze
Proust e os signos

ESTE LIVRO FOI COMPOSTO EM SABON,
PELA BRACHER & MALTA, COM CTP DA
NEW PRINT E IMPRESSÃO DA GRAPHIUM
EM PAPEL PÓLEN NATURAL 80 G/M² DA
CIA. SUZANO DE PAPEL E CELULOSE PARA
A EDITORA 34, EM MAIO DE 2022.